Gesund und fit mit Ingwer

Klaus Krämer

Gesund und fit mit INGWER

Rundum gesund mit der Superwurzel!

Seehamer Verlag

Hinweis des Verlages:
Die in diesem Buch enthaltenen Informationen und Rezepte sind nach bestem Wissen und Gewissen zusammengestellt. Eine Haftung und Wirkgarantie kann jedoch nicht übernommen werden. Eine Ingwerbehandlung ersetzt nicht den Besuch beim Arzt. Wenn ein bestimmtes Beschwerdebild häufig auftritt oder Ihnen unerklärlich ist, sollten sie auf jeden Fall einen Arzt oder Heilpraktiker zu Rate ziehen und gegebenenfalls eine ergänzende Ingwer-Behandlung mit ihm absprechen.

Lektorat: Susanne Franz
Gestaltungskonzept: Bine Cordes, Weyarn
DTP: Ralf Furtner, Bruckmühl
Umschlaggestaltung: Bine Cordes, Weyarn
Umschlagfotos: Bine Cordes, Weyarn und
The Food Professionals Köhnen GmbH, Sprockhövel
Printed in Germany
ISBN 3-934058-12-4

Inhalt

Ein paar Worte vorweg ... 7
Ein klassischer Allrounder wird wieder entdeckt ... 10
Gewürz und Medizin – Ingwer im Spiegel der Jahrhunderte ... 12
Ingwer im indischen Ayurveda ... 12
Heilmittel in der Traditionellen Chinesischen Medizin ... 17
Neu entdeckt: die tibetische Medizin ... 19
Griechische Heilkunde ... 20
Ingwer bei den Römern ... 21
Gewürzhandel in Arabien ... 22
Ingwer im Mittelalter ... 22
Ernte in der Neuen Welt ... 25
Niedergang des Gewürzhandels ... 26
Letzte Bastion: England ... 28
Jake und die lahmen Amerikaner ... 29
Neue Popularität für Ingwer und Curry ... 30
Ingwer: die Knolle im Überblick ... 32
Aroma aus dem Wurzelstock ... 32
Scharfstoffe und ätherische Öle ... 34
Ingwervielfalt ... 35
Weitere Ingwergewächse ... 36
Gesundheit – ein wertvolles Gut ... 39
Gesundheit, ein Normalzustand? ... 39
Denken Sie gesund! ... 42
Heilmeditationen ... 43
Die Sprache der Organe ... 45
Wie helfen moderne Therapien? ... 49
Schulmedizin und Phytotherapie ... 49
Homöopathie ... 50
Bach-Blütentherapie ... 51
Anthroposophische Medizin ... 52
Aromatherapie ... 53

Inhalt

Die Wirkung von Kräutern und Gewürzen 55
Die Wirkstoffe in Heilkräutern 55
Von der Heilkraft der Gewürze 56
Ingwer – anerkanntes Heilmittel 59
Ingwerpräparate aus der Apotheke 61
Ingwerarznei selbst gemacht 63
Heilen mit Ingwer 67
Unterstützung für Magen und Darm 67
Exkurs: Ingwer im Alter 69
Hilfe bei Übelkeit und Erbrechen 70
Ingwer und die Leber 73
Stärkung von Herz und Kreislauf 74
Wärme bei fiebriger Erkältung 76
Rheuma – mit Ingwer gegen Schmerzen 77
Ingwer und die Psyche 79
Gesundheit geht durch den Magen – Kochen mit Ingwer 82
Suppen und Vorspeisen 82
Salate 95
Gemüsegerichte 101
Fleischgerichte 110
Fischgerichte 132
Soßen 137
Süßspeisen, Kuchen und Desserts 139
Anhang 151
Literatur 152
Stichwortverzeichnis 153
Rezeptregister 157

Ein paar Worte vorweg

Das 20. Jahrhundert dürfte als das Zeitalter des rasanten technischen und politischen Wandels in die Menschheitsgeschichte eingehen. Der Fortschritt hat unseren Planeten auf den Kopf gestellt; im Guten wie im Schlechten. Im Zuge der unüberschaubaren Flut an Entdeckungen, Erforschungen und der daraus gewonnenen Erkenntnisse schien es fast schon so, als bliebe der Schatz an wertvollem Wissen, der sich in den unterschiedlichsten heilkundlichen Traditionen über die Jahrtausende hat erhalten können, auf der Strecke.

Inzwischen zeichnet sich eine Trendwende ab: Die Risiken und Nebenwirkungen der chemischen Arzneimittel haben dazu geführt, dass man sich nach Medikamenten umsieht, die frei von solchen Begleiterscheinungen sind. So wächst die Zahl der Menschen, die sich neben der Schulmedizin auch für natürliche Heilmethoden interessieren. Zudem hat die pharmazeutische Industrie das enorme kommerzielle Potenzial erkannt, das hinter diesem Bewusstseinswandel steckt. Und plötzlich sind Johanniskraut, Melisse, Baldrian und Co. wieder in! Neben altbewährten einheimischen Heilpflanzen und Kräuterzubereitungen machen jetzt aber auch einige Exoten wie z. B. Teebaumöl, Grapefruitkernextrakt oder Schwarzkümmel Karriere. Aus dem alternativen Lager kommend, finden Blütenessenzen aus aller Herren Länder in vielen Heilpraktikerrezepten und mancher Arztpraxis, in Apotheken und Arzneischränken nun ihren Platz. Und die Späher der Pharmakonzerne machen sich inzwischen auf, die letzten Urwälder Süd- und Mittelamerikas, Asiens und Afrikas zu durchkämmen – immer auf der Suche nach der noch nicht entdeckten Superdroge. Vielleicht wächst irgendwo am Amazonas oder Orinoko das Wundermittel gegen Aids, wer weiß? Plötzlich werden die letzten Schamanen und Medizinmänner nicht mehr als bemitleidenswerte Geistergläubige angesehen. Erstmals werden sie wirklich ernst genommen. Es bewegt sich also etwas in der Heilkunde. Wohin das führt, werden wir in den nächsten Jahren sehen.

Schulmedizin gegen Naturheilkunde?

Nach der Fortschrittsgläubigkeit vergangener Jahrzehnte haben die viel zitierten Nebenwirkungen konventioneller Medikamente zu einer Trendwende auch bei Ärzten und Patienten geführt: Naturheilmethoden und ganzheitliche Therapieansätze rücken wieder in unser Bewußtsein.

Im Idealfall entsteht eine Symbiose aus Alt und Neu: ein Zusammenspiel von moderner wissenschaftlicher Forschung mit der in der Natur verankerten Erfahrungsmedizin. Eine globale Heilkunde, die die Erkenntnisse jahrtausendealter Systeme nicht als museal verspottet und einer Hand voll spezialisierten Völkerkundlern überlässt, sondern diese integriert. Eine Ganzheitsmedizin, in die der indische Ayurveda, die Traditionelle Chinesische Medizin, die Heilkunde Tibets, das therapeutische Wissen der Indianer Nord- und Südamerikas, der Ureinwohner Afrikas, Zentralasiens und Australiens, der Sinti und Roma, der Anthroposophen, Rosenkreuzer und all jener anderer, die jemals sinnvolle, wirksame und allgemein anwendbare Methoden entdeckt haben, ganz selbstverständlich mit einfließen und mit der modernen Wissenschaft eine Partnerschaft eingehen – zum Wohle der gesamten Menschheit.

Die ganzheitliche Betrachtungsweise soll auch ein zentrales Thema dieses Buches sein. Es ist nicht meine Absicht, Menschen mit Gesundheitsstörungen davon abzuhalten, zum Arzt zu gehen und sich stattdessen selbst zu therapieren. Ganz im Gegenteil: Wer krank ist, muss von einem Arzt oder erfahrenen Heilpraktiker behandelt werden. Ich will auch nicht die Pflanzenheilkunde und die „chemische" Medizin als unversöhnliche Gegner darstellen. Beide Therapiewege haben ihre Berechtigung und ihre Vorzüge. Dieses Buch soll vielmehr mit Hilfe einer seit Urzeiten bewährten Heilpflanze Wege zu einem gesünderen Leben aufzeigen. Wer Ingwer anwendet, gönnt seinem Körper etwas Gutes. Die Pflanze gilt als Heilmittel mit ausgleichender, harmonisierender Wirkung. Sie führt uns zu unserer Mitte zurück und hält uns im Gleichgewicht, wenn um uns herum alles in Bewegung ist. In unserer schnelllebigen Zeit ist das keine schlechte Sache!

Harmonie durch Ingwer

Der Genuß von Ingwer läßt uns unsere Ausgeglichenheit in Zeiten innerer Anspannung und großer Aktivität leichter wieder finden. Er wirkt unterstützend auf unser inneres Gleichgewicht und kann so die Lebensqualität in unserem meist hektischen Alltag verbessern.

Der Ingwer kann unserer Gesundheit mehr Stabilität verleihen und unsere Lebensqualität deutlich verbessern. Obendrein ist er eine willkommene Bereicherung unseres Küchengewürz-Repertoires, die ganz neue Akzente setzen kann. Probieren Sie es aus, Ihr Organismus und ihre Sinne werden es Ihnen danken.

Ein klassischer Allrounder wird wieder entdeckt

Im Herbst 1985 betraten 80 Marinekadetten die Planken des dänischen Schulschiffes „Danmark". Mit dem Segler sollten sie die Gewässer des Skagerrak durchkreuzen, wo im letzten Viertel des Jahres die Meereswogen dank kräftiger Nordwinde immer besonders hoch schlagen. Als die „Danmark" dann auch heftig auf den Wellen tanzte, hingen nach kurzer Zeit fast alle der seefahrerischen Frischlinge über der Reling. Der Schiffsarzt kam mit Pillen, die von den grüngesichtigen Kadetten nur zu gerne geschluckt wurden. Keiner fragte danach, was das für Tabletten waren. Und keiner bemerkte das Lächeln auf dem Gesicht des Mediziners… denn er half nur der Hälfte der bemitleidenswerten Crew: Vierzig bekamen ein Placebo (ein wirkungsloses Scheinmedikament), die anderen erhielten Pillen aus pulverisiertem Ingwer. Die Jungmatrosen wussten nicht, dass so die medizinische Wirksamkeit des Mittels getestet werden sollte. Der Leiter der Studie – ein Professor an der Klinik in Svendborg – sollte wenig später verkünden, dass es allen Matrosen, die gemahlenen Ingwerwurzelstock geschluckt hatten, nach der Einnahme deutlich besser gegangen sei, wohingegen die anderen die Qual der Seekrankheit bis zum bitteren Ende ertragen mussten. Seit dieser Zeit zählt der Ingwer auf dänischen Schiffen zum unverzichtbaren Inhalt jeder Bordapotheke. Und er hat sich als probates Mittel gegen sämtliche Arten von bauchbedingter Übelkeit einen Namen gemacht. Da die Ergebnisse der dänischen Studie durch weitere Tests international bestätigt wurden, empfehlen Naturheilkundler und Apotheker Ingwer in erster Linie als Reisemedizin.

Dass der Ingwer aber weit mehr kann, als nur Seefahrer von gelegentlichem Brechreiz zu befreien, davon soll in diesem Buch die Rede sein. Die Wirkstoffe der unterirdischen Knolle, die ursprünglich aus Asien ihren Weg zu uns fand, haben sehr viel zu bieten. Sie machen den Ingwer zu einer Art medizinischen „Allrounder“ mit einer enormen therapeutischen Bandbreite.

Der Ingwer ist ein Zwitter. Als Gewürz sorgt er in fernöstlichen und englischen (doch, doch, die gibt es!) Spezialitäten für eine besondere Note. Wir kennen ihn als Bestandteil diverser Gewürzmischungen (Currypulver), als Süßigkeit (kandierter Ingwer oder mit Schokolade überzogene Ingwerstäbchen), als Backgewürz (in Lebkuchen, Printen und Biskuits) und als Zutat für diverse Liköre. Ingwer ist aber gleichzeitig eine wertvolle Medizin, deren Wirksamkeit erst in letzter Zeit entdeckt wird. Und es ist nur noch eine Frage der Zeit, bis er auch bei uns seinen ihm gebührenden Platz in den Hausapotheken erhält.

Die Kosmetikindustrie verwendet Ingwer als Duftersatzstoff (für Cascarillaöl). Die Pharmazeutik kennt ihn als alkoholische Lösung (innerlich und äußerlich), als Presssaft und Öl sowie getrocknet in Kapseln. Äußerlich kann man ihn auch für Kompressen, Bäder und Packungen benutzen. Als traditionelles Arzneimittel gilt er als so genanntes Bittermittel zur Stärkung und Förderung der Verdauung. Medikamentös setzt man ihn – wie im Fall unserer dänischen Matrosen – in erster Linie gegen Reisekrankheit (Übelkeit, Erbrechen) und Verdauungsstörungen ein.

Derzeit erlebt der Ingwer in Mitteleuropa eine Renaissance, nachdem es lange Zeit recht still um ihn war. Seine Qualitäten, die in Asien seit eh und je bekannt sind, haben sich nun auch bei uns herumgesprochen. Denn mit dem Ingwer entdecken wir einen echten „Vielkönner“ für Arzneischrank und Küche, der nicht nur unseren Gaumen erfreut, sondern auch unserer Gesundheit gut tut.

Ingwer-Medizin

Zu medizinischen Zwecken ist Ingwer erhältlich als alkoholische Lösung, als Presssaft, Öl oder getrocknet in Kapseln. Äußerlich angewendet, eignet er sich für Bäder, Kompressen und Packungen.
Als sogenanntes Bittermittel fördert er bei innerer Anwendung die Verdauung. Bewährt hat er sich vor allem bei Reisekrankheit, Übelkeit, Erbrechen und Verdauungsstörungen.

Gewürz und Medizin – Ingwer im Spiegel der Jahrhunderte

Der assyrische König Assurbanipal (668 bis 631 v. Chr.) hatte in der Mitte des siebten vorchristlichen Jahrhunderts eine Idee: Das gesamte Wissen seiner Zeit sollte zusammentragen und aufgeschrieben werden. Die vom König beauftragten Weisen gingen sogleich ans Werk, eine Tontafel nach der anderen wurde beschriftet. Es dauerte einige Monate, dann hatte man rund 30 000 Tafeln bearbeitet. Eine Art frühzeitliches Universallexikon war entstanden, in dem neben anderen wissenschaftlichen Themen die Pflanzenheilkunde eine wichtige Rolle spielte. Fast 300 Heilpflanzen und -kräuter wurden beschrieben, einer davon war der Ingwer. „Kurkuna sa sadi" so nannte man die Pflanze damals – „Kurkuma aus den Bergen". Kurkuma? Der Name ist uns heute noch als wirksame Heilpflanze und als Küchengewürz bekannt. Kurkuma (Gelbwurz) ist mit dem Ingwer verwandt, beide gehören zur selben Familie. Das wusste man zu Assurbanipals Zeiten auch. Aber „Kurkuma aus den Bergen"? Nun, die Assyrer kannten den Ingwer nur in pulverisierter Form. Die Pflanze selbst gedieh nicht in dem Reich zwischen Euphrat und Tigris. Jedoch wusste man, woher der getrocknete Ingwer kam – aus den Bergen im Osten, aus Indien, dem Land, zu dem man schon seit Jahrhunderten intensive Handelsbeziehungen pflegte.

Ingwer im indischen Ayurveda

Wechseln wir also den Schauplatz. Auch in Indien besaß man schon damals eine wichtige Sammlung medizinischer Texte, „sushruta samhita" genannt. Sie gilt als Grundlage der Ayurvedamedizin, dem ältesten heute noch angewandten Heilsystem der Menschheit. Der Begriff Ayurveda stammt aus dem Sankskrit. „Ayus" bedeutet Leben, „veda" heißt Wissen. Man kann daher von einer

„Wissenschaft vom Leben“ sprechen. Woher stammte aber dieses Wissen? Wissenschaftliche Forschung in unserem heutigen Sinn gab es zu dieser Zeit noch nicht. Wer also waren die Begründer des Ayurveda?

Die weisen Männer des indischen Altertums nannte man Rishis. Ihr Wissen und ihre Erkenntnisse wurden über Jahrtausende mündlich weitergegeben, vom Meister zum Schüler, bis sie eines Tages in einer Art Dichtung, den „Upanischaden“, aufgeschrieben wurden. Die Rishis hatten schon früh die Zusammenhänge des Lebens erkannt und den Menschen in steter Wechselbeziehung zu seiner Umwelt gesehen. Das Wissen der Weisen beruhte einerseits auf genauer Beobachtung, andererseits hatten sie Zugriff auf ein Wissen, das dem Alltagsbewusstsein verborgen blieb. Vermutlich hatten ihre Erkenntnisse die gleichen Ursprünge wie alle frühzeitlichen heilkundlichen Systeme: Beobachtung und Erfahrung, Intuition, meditative Versenkung, schamanistische Praxis.

Man vermutet, dass der Ayurveda schon rund 5000 Jahre alt ist. In den Weden finden sich die frühesten Informationen über das Heilen mit Pflanzen. Mehr als 700 Mittel, die ihren Ursprung in Feld, Wald, Wiese und Garten haben, tauchen darin auf. Etwa zu der Zeit, als Assurbanipal seine Superbibliothek in Auftrag gegeben hatte, arbeiteten indische Heilkundige sehr intensiv an der Weiterentwicklung des Ayurveda. Der Ingwer galt (und gilt auch heute noch) als einer der wichtigsten Grundstoffe der ayurvedischen Arzneien. In erster Linie wird er bei Verdauungsproblemen eingesetzt, er findet aber auch bei rheumatischen Beschwerden Anwendung.

Ingwer – Wurzeln in den ältesten Sprachen

„Srngavera“, so lautet der Name des Ingwers im Sanskrit, der Sprache der Weden. Die Weden sind eine Sammlung liturgischer Gesänge, Hymnen und Zaubersprüche, die vor rund 3500 Jahren in Indien entstanden sind. Sie gelten als Quelle des Ayurveda. „Srngavera“ bedeutet „geweihförmig“. Und damit ist die getrocknete Ingwerknolle gemeint. Aus dem Sanskrit ist nicht nur die heutige indische Sprache entstanden, Sanskrit ist mehr oder weniger die Mutter fast aller europäischen Sprachen. Das moderne Indisch bezeichnet den Ingwer als „ada“ oder „adrak“, die getrocknete Pflanze wird als „sunthi“ bezeichnet.

Das älteste bekannte Wort für Ingwer ist „inchiver“, es entstammt der dravidischen Sprache, einer Form des Malayischen.

Es geht im Ayurveda um die Gesamtheit des Lebens, die Medizin ist nur ein einziges Element in diesem Zusammenhang. Die allgemeine Lebensweise und Ernährung des Menschen, seine soziale Situation und Religion, Philosophie und Psychologie ... – alle diese Faktoren werden aufeinander bezogen. Das Ziel ist: Die Erlangung größtmöglicher Harmonie von Körper, Geist und Seele. Der Ernährung kommt die Aufgabe zu, diese Harmonie möglichst zu erhalten oder die besten Voraussetzungen dafür zu schaffen; im Krankheitsfall soll die individuell passende Arznei das gestörte Gleichgewicht wieder herstellen. Der Ayurveda ist heute immer noch lebendig und wirkungsvoll, auch in Indien hat er seinen alten Stellenwert wieder zurückerobert, nachdem es noch vor einigen Jahren so aussah, als könne die westliche moderne Medizin das alte Wissen verdrängen.

Im Ayurveda teilt man die grundsätzliche Disposition der Menschen, in drei Bereiche ein, in so genannte Gunas: Sattwa, Raja und Tama. In jedem Menschen sind diese drei Gunas angelegt, doch ihre Mischung und Gewichtung ist individuell verschieden. Sattwa steht für eine allgemein positive Lebenssicht. Sattwa-Menschen zählen zu den kreativen, schöpferisch begabten Menschen. Raja-Persönlichkeiten sind sehr an äußeren Dingen interessiert. Ihnen bedeuten Macht und Einfluss sehr viel. Wer vom Tama beeinflusst ist, ist eher unbeweglich. Tama-Typen mögen keine Veränderungen, sie neigen zu Bequemlichkeit und Eigensinn. Im Idealfall lässt sich bei jedem Menschen ein harmonischer Ausgleich dieser drei Anlagen erzielen. Nach der ayurvedischen Lehre spielt dabei die Ernährung eine sehr wichtige Rolle. So verstärkt fast jedes Nahrungsmittel eines dieser Gunas. Der Ingwer zählt zu den wichtigsten Sattwa-Förderern. Sattwa-Nahrung transportiert Harmonie in den menschlichen Körper und in die Psyche. Vor allem sorgt sie aber auch für einen Ausgleich. Sie bringt den Tama-, Raja- und Sattwa-Anteil der Mahlzeiten in ein entsprechendes Gleichgewicht, so dass die einzelnen Kompo-

Tama, Raja und Sattwa

Eine wichtige Rolle in der Ernährung des Menschen kommt dem Ingwer nach der ayurvedischen Lehre zu. Die drei Gunas (Tama, Raja und Sattwa) können durch den Genuß verschiedener Lebensmittel gefördert bzw. gedämpft werden. Ingwer wird zu den Sattwa-Förderern gerechnet, er fördert die Harmonie des Körpers. Gleichzeitig bringt der den jeweiligen Anteil der drei Gunas bei einer Mahlzeit ins Gleichgewicht, auch hier bewährt sich seine ausgleichende Wirkung.

nenten sich ergänzen können. Dies ist der Grund für den hohen Stellenwert des Ingwer.

Psychologisch und physiologisch werden Menschen auch nach den drei Temperamenten (Dosas) Vata, Pitta und Kapha unterschieden: Der Vata-Typ ist von der Statur her meist groß und schmal. Seine Haut ist trocken. Er ist sehr anpassungsfähig, wenn er auch zuweilen unentschlossen wirkt. Sein Charakter ist sensibel und er neigt zur Nervosität. Der Schlaf des Vata-Typs ist nicht sehr tief, er wacht nachts häufig auf. Neben Problemen des Nervensystems und des Bewegungsapparates neigt diese Menschen zu Verdauungsstörungen. Ingwer kann in solchen Situationen sehr nützlich sein: er regt die Verdauung an, wärmt die inneren Organe und wirkt krampflösend.

Der Pitta-Typ ist eher mittelgroß, seine Muskeln sind ausgeprägter. Seine Haut ist rosig, die Haare weich. Er hat einen guten Appetit und schläft tief. Pitta-Typen neigen zu kritischer Distanz im Leben, manchmal können sie sich als streitlustig erweisen. Die Krankheiten des Pitta-Typs sind meist „feurig“ – Entzündungen oder Infektionen (meist mit Fieber) treten nicht selten auf. Auch Haut und Leber sind anfällig. Ingwer ist daher in diesem Fall nicht das Mittel der Wahl, der Pitta-Typ ist schon von sich aus heiß genug. Hier bieten sich Heilmittel mit entspannender Wirkung an. Im Verdauungsbereich sind dies das altbewährte Trio Fenchel, Kümmel und Koriander.

Die drei Temperamente

In der ayurvedischen Lehre werden Menschen auch nach ihrer Zugehörigkeit zu den drei Dosas, Vata, Pitta und Kapha, unterschieden. Für den feurigen Pitta-Typ ist Ingwer nicht das Mittel der Wahl. Doch beim sensiblen Vata-Typ regt er die Verdauung an, wirkt krampflösend und wärmt die inneren Organe. Und den eher trägen Kapha-Typ bringt Ingwer auf Trab: er unterstützt die Verdauung fetter Speisen und verhindert zu üppige Körperformen.

Der Kapha-Typ hat einen schwereren Körperbau, bewegt sich recht langsam. Seine Gesichtsfarbe ist hell, die Haare sind meist fettig. Er ist ruhig, fast träge. Er spricht langsam, sein Schlaf ist sehr tief. Bei Kapha-Typen sind die Atemwege besonders anfällig, häufiger als andere Menschen kann man sie in den Hals-Nasen-Ohrenarzt-Praxen treffen. Aber auch die Verdauung kann Probleme bereiten, wenn sie nicht richtig in Gang kommt. Für den Kapha-Typ ist Ingwer das ideale Heilmittel. Er sorgt dafür, dass

Lebensmittel, speziell fette Speisen, richtig verdaut werden. Da der Kapha-Typ zu mehr Körperfülle als die beiden anderen Typen neigt, kann der Ingwer dem vorbeugen.

Seit mehreren tausend Jahren hat sich der Ingwer als ausgleichendes und harmonisierendes Mittel bewährt. Er sorgt dafür, dass das innere Pendel jedes Menschen nicht in eine für ihn nachteilige Richtung ausschlägt. Diese Erkenntnis der indischen Rishis hat auch heute noch ihre absolute Gültigkeit. Als weitere Indikationen für Ingwer-Anwendungen werden Kopfschmerzen (auch Migräne), Epilepsie, allgemeine Schmerzen und rheumatische Erkrankungen genannt. Meist nimmt man im Ayurveda getrockneten Ingwer, den man auf verschiedene Art und Weise weiterverarbeitet. So nimmt man gegen Schmerzen (innerlich und auch äußerlich) eine heiße Ingwerpaste. Wer zu Ohnmachtsanfällen neigt, dem wird empfohlen Ingwer zu schnupfen. Herzschwäche behandelt der ayurvedische Arzt mit frisch gepresstem Ingwersaft. Auch Verdauungsstörungen, Erkältungen, Husten und Impotenz werden durch Ingwer gelindert.

Von Java in die weite Welt

Ursprünglich stammt der Ingwer nicht aus Indien. Einige Botaniker glauben, dass die Pflanze ursprünglich nur in Indonesien, auf Java, gewachsen ist. Schon lange vor den Arabern und Europäern durchquerten die Indonesier den Indischen Ozean. Sie handelten mit Gewürzen (das wichtigste war Zimt) und sehr wahrscheinlich wurde Ingwer nur durch Zufall zur begehrten Handelsware. Eigentlich hatten die seetüchtigen Indonesier ihn nur für den persönlichen Bedarf an Bord, da man um die positive Wirkung bei der Seekrankheit wußte. Zudem versuchte man mit Ingwer dem Skorbut, einer Vitaminmangelkrankheit, vorzubeugen. Bald packten auch andere Völker Ingwer als Bordproviant ein.

Heilmittel in der Traditionellen Chinesischen Medizin

Als chinesische Archäologen zu Beginn der 70er Jahre in das Grab einer Fürstin stiegen, die im zweiten Jahrhundert v. Chr. gestorben war, fanden sie in Bambusgefäßen und Tonkrügen diverse Nahrungsmittel, die man der Verstorbenen offensichtlich für ihre Reise ins Reich der Toten mitgegeben hatte. Auch Ingwer befand sich unter den Grabbeigaben. Wie in Indien, so wußte man auch in China um den heilenden, vorbeugenden und wohlschmeckenden Effekt des Ingwers. Eine der ältesten schriftlichen Quellen, die ihn ausführlich erwähnen, ist das „Shen Nung Pen Tshao Tching", das „Handbuch des himmlischen Hausherrn". Es heißt auch, der weise Konfuzius habe gerne Ingwer als Beilage gegessen. Als Bestandteil der „acht Delikatessen" nahm er ihn in das „Buch der Riten", das „Li Chi" auf.

Von späteren Autoren wird überliefert, dass der sagenumwobene „Gelbe Kaiser" Huang Ti vor ungefähr 4700 Jahren bereits ein Buch über die heilenden Wirkungen verschiedener Pflanzen geschrieben haben soll und dabei ganz besonders auf die Kräfte der Ingwer-, Ginseng- und Kalmuswurzeln eingegangen sei. Huang Ti, von dem man heute sagt, er habe so praktische Dinge wie das Rad und das Geld erfunden, fasste die damaligen Kenntnisse von der Wirkung der Energien im menschlichen Körper zu einem anwendbaren System zusammen, das auch heute noch Gültigkeit hat. Im System der Traditionellen Chinesischen Medizin fällt dem Ingwer die Aufgabe zu, Heilwirkstoffe in den Körper zu

Von Marco Polo bis heute

Der mittelalterliche Weltenbummler Marco Polo vermerkte in seinen Aufzeichnungen, dass in den Straßen chinesischer Städte in Honig eingelegter und kandierter Ingwer als Süßigkeit verkauft wurde. Besonders wenn der Winter nahte, war diese Spezialität sehr beliebt. Die Chinesen benutzten zudem den Ingwer gern zum Aromatisieren von Tee und Reiswein. Heutzutage spielt der Ingwer auch in der chinesischen Küche eine große Rolle, wobei es regional unterschiedliche Vorlieben gibt: Im Norden wird er als Soßenbestandteil geschätzt, in südlicheren Regionen gilt er eher als Gemüse. In den Tempeln Hongkongs hat sich der Brauch erhalten, bei unerfülltem Kinderwunsch Ingwer als Opfergabe zu spenden.

transportieren. Er soll deren Aufnahme in den Blutkreislauf und die Verteilung auf die inneren Organe unterstützen. Die Ergebnisse moderner Forschungen bestätigen diese Annahmen: Ingwer erweitert die Blutgefäße, verdünnt das Blut, und fördert die Wärmebildung im menschlichen Körper.

In den 20er Jahren wollte man in China mit einer der ältesten medizinischen Traditionen brechen: sie gehöre auf den „Misthaufen der Geschichte". Doch Mao Tse Tung forderte die Verfechter einer „modernen" Medizin auf, sich mit den heilkundlichen Traditionalisten zusammenzutun – zum Zwecke gegenseitigen Lehrens und Lernens. Und diese Entscheidung hat auf lange Sicht auch auf die „westliche" Medizin Einfluß genommen. Auch bei uns findet die allgemeine Traditionelle Chinesische Medizin immer mehr Beachtung, obwohl man sich immer noch schwer tut, die dahinter stehende Physiologie und Philosophie mit einer rational geprägten Vorstellungswelt zu vereinbaren. Noch vor Jahren galt die Akupunktur in Westeuropa als unseriös. Inzwischen bezahlen sogar einige Krankenkassen entsprechende Behandlungen, da die Heilerfolge nicht von der Hand zu weisen sind.

Ingwer-Rezepte in der Chinesischen Medizin

Gereinigter und in Scheiben geschnittener Ingwer wird als „Ganjiang" bezeichnet und sowohl bei Bauch- und Unterleibsschmerzen als auch bei Husten, Erbrechen und Durchfall eingenommen. Geröstete Scheiben setzt man gegen zu starke Menstruationsblutungen und Nasenbluten ein.

Das berühmte schwarzweiße Yin-Yang-Symbol ist mittlerweile fast jedem bekannt. Für Esoteriker ist es zu einem Erkennungszeichen geworden, das einem in Form von Autoaufklebern, Halskettchen oder Ohrringen begegnet. Yin steht für die weibliche Energie, seine Qualität ist die Hingabe. Das entsprechende bildliche Symbol ist der Mond. Yang steht für das männliche Element und für Aktivität; es wird durch die Sonne versinnbildlicht. Zusammen bilden beide die Kräfte der Polarität, ohne die auf diesem Planeten nichts denkbar ist. Unsere eigene Existenz, die Begriffe, mit denen wir unsere Welt beschreiben, alles ist bedingt durch die Bipolarität. Der Gegenspieler des Tages ist die Nacht, der Südpol steht dem Nordpol gegenüber, auf das Leben folgt der Tod, und weitere Beispielpaare lassen sich mühelos finden: hell und dunkel, gut und böse, arm und reich, krank und gesund. Das Yin-Yang-Symbol nimmt beide Pole harmonisch auf, sie werden zu einer in sich ruhenden Einheit. Nach den Lehren der Chinesischen Heilkunde entstehen Krankheiten, wenn das Gleichgewicht von Yin und Yang im menschlichen Körper gestört ist. Ihre Bestrebungen gehen demzufolge dahin, diese beiden Kräfte wieder in Einklang zu bringen.

In der chinesischen Philosophie gibt es noch einen weiteren Begriff: „Qi". Unter Qi versteht man die Lebenskraft. Religiös geprägte Menschen bringen den Begriff eng mit der Seele in Verbindung, Psychologen ordnen ihn dem Geist zu. Nach Auffassung der Chinesen fließt Qi unentwegt durch den menschlichen Körper. Störungen, Schwächungen und Stauungen dieses Flusses führen zu Krankheiten. Vergleicht man die chinesische Medizin mit der modernen westlichen Pflanzenheilkunde, findet man recht wenig Übereinstimmungen. Die Phytotherapie richtet sich als Teil der Schulmedizin „gegen" etwas: Bakterien, Entzündungen, Schwellungen, Schmerzen ... Die chinesische Medizin dagegen wählt ihre Medikamente hauptsächlich nach deren energetischen Qualitäten aus. Sie will das Qi wieder zum Fließen bringen. Berührungspunkte finden sich allenfalls mit der Homöopathie und der überlieferten europäischen Volksmedizin.

Neu entdeckt: die tibetische Medizin

Die tibetische Heilkunde fristete viele Jahre ein Schattendasein. Die regierenden Chinesten unterdrücken die Traditionen des Landes rigoros. Die Medizin, die in Tibet eng mit der buddhistischen Religion verbunden ist und genau wie der Ayurveda und die chinesische Medizin auf eine mehrere tausend Jahre alte Geschichte zurückblickt, existierte nur im Verborgenen. Als der Dalai Lama, religiöses wie weltliches Oberhaupt des tibetischen Volkes, Ende der 50er Jahre nach Indien ins Exil ging, hatte sich in seinem Umfeld auch eine kleine Gruppe tibetischer Ärzte niedergelassen, die sehr erfolgreich praktizierte. Exil-Tibeter sind mittlerweile auch in den USA, Holland, der Schweiz, Deutschland und anderen Ländern als niedergelassene Mediziner tätig. Außerhalb der Grenzen ihrer Heimat halten sie die wertvolle Heilkunde des kleinen Landes im Schatten der Achttausender lebendig.

Als in den 60er Jahren in Kalifornien die „New Age"-Bewegung entstand, wuchs das Interesse an fernöstlicher Philosophie: Nach Indien wurde bald darauf der tibetische Buddhismus entdeckt. Im Laufe der Jahre drang immer mehr traditionelles Wissen, das über die Jahrtausende in den Klöstern gehütet worden war, in die westliche Literatur ein. Die tibetische Medizin als praktisches System wurde erst vor kurzer Zeit für die breitere Masse in Europa entdeckt und steht kurz davor populär zu werden. Der Ingwer wird in der Medizin Tibets bei Appetitlosigkeit, Verdauungsschwierigkeiten, Erbrechen, Verlust des Geschmackssinns, Blähungen und Völlegefühl, Aufstoßen, Unwohlsein nach dem Essen sowie innerem und äußerlichem Kältegefühl empfohlen.

Ingwer-Medizin aus Tibet

In der tibetischen Medizin, die – bedingt durch die politische Situation des Landes – erst langsam bei uns bekannt wird, wird Ingwer zur Behandlung von Appetitlosigkeit, Verdauungsschwierigkeiten, Erbrechen, Verlust des Geschmackssinns, Blähungen und Völlegefühl, Aufstoßen, Unwohlsein und Kältegefühl eingesetzt.

Griechische Heilkunde

Über die Ägypter und den Assyrer kam der Ingwer in das alte Griechenland, doch auch Alexander der Große hatte die Wurzelknolle während seines Indien-Feldzuges kennen gelernt. In einer der ersten systematischen Darstellungen der Pflanzen faßte der Philosoph und Naturforscher Theophrastus (371-287 v. Chr.) Ingwer, Kardamom, Gelbwurz und Kalmus wegen ihrer wärmenden Wirkung zu einer Familie zusammen. Seine Schrift ist eine immer wieder benutztes Nachschlagewerk für die nachfolgenden Botaniker und Mediziner gewesen. So stellte etwa zweihundert Jahre später Crateuas, Leibarzt des Königs Mithridates, ein Rezept zusammen, das fast alle damals bekannten Gewürze enthielt. Das Medikament wurde nach dem König „Mithridatum“ genannt und enthielt 36 Wirkstoffe (Ingwer war selbstverständlich enthalten) und sollte gegen sämtliche Arten von Vergiftungen wirken. Der Sage nach hatte die regelmäßige Einnahme von Mithridatum den König so widerstandsfähig gemacht, dass es ihm nicht gelang, sich selbst umzubringen, als ihn die Römer im Jahre 82 v. Chr. besiegten. Das Mithridatum wurde in den Folgejahren immer populärer und von verschiedenen Ärzten in immer neuen Variationen hergestellt. Es gilt als Vorläufer des bis in die Neuzeit verwendeten so genannten Allheilmittels „Theriak".

Medizinisch setzten die Griechen den Ingwer als Verdauungshilfe und bei Lebensmittelvergiftungen ein. Pythagoras

Griechische Heilkunde als Vorbild

Noch im Zeitalter der Renaissance griffen Ärzte und Botaniker auf das Wissen griechischer Ärzte zurück. So bestätigte z. B. der Kräuterkundige Gerard die Aussagen seines griechischen „Kollegen": „Ingwer, wie Dioskurides berichtet, ist recht gut mit Fleisch und Soßen, ansonsten auch Beilagen, weil er erhitzende und verdauende Eigenschaften hat und dem Magen wohl tut, und wirkungsvoll sich allen Verdunkelungen des Augenlichts entgegenstellt ..."

schätzte seine verdauungsfördernde und appetitanregende Wirkung. Galen, einer der Väter der modernen Medizin, schwärmte vom „verträglichen, dafür aber anhaltendem Feuer, im Gegensatz zum Pfeffer ...". Dioskurides, der in Griechenland und Rom tätig war (und dort Neros Leibarzt wurde) schrieb die „Materia medica", eine Enzyklopädie mit dem gesammelten medizinischen, pharmazeutischen und botanischen Wissen seiner Zeit. Ebenso wie sein Kollege Theophrastus hob er die wärmenden Qualitäten des Ingwer hervor.

Die Griechen beschränkten sich in ihren Forschungen aber nicht nur auf ihr eigenes Land. So hatte Dioskurides während einer Westafrikareise beobachtet, dass die dortigen Bewohner junge Ingwertriebe kauten. Trinkwasser wurde dort mit Ingwer abgekocht, um es bekömmlicher zu machen und um ihm Geschmack zu verleihen. Mit älteren Wurzelteilen verfeinerte man warme Mahlzeiten, während die allerältesten Teile der Wurzel getrocknet und nach Rom verkauft wurden.

Ingwer bei den Römern

Als ein eifriger Anwender des getrockneten Ingwers wird ein römischer Koch namens Marcus Gavius Apicius bezeichnet. Da er sich aber auch für riesengroße Krebse interessierte, die angeblich vor der Küste Somalias gefangen wurden, war ihm dies eine Reise wert. Die Enttäuschung war allerdings groß, als die Krebse sich nicht als größer erwiesen als die heimischen Exemplare aus dem Mittelmeer. Enttäuscht trat er die Heimreise an. Wäre er an Land gegangen, hätte der antike Küchenchef wenigstens den von ihm so geschätzten Ingwer in seiner ursprünglichen Form kennen gelernt. Für einen anderen Römer dagegen stellte Ingwer ein Ärgernis dar: Plinius der Ältere schimpfte, dass ein so einfach anzubauendes Gewürz so teuer war. Zudem sei Ingwer trotz seiner Schärfe nur relativ kurz haltbar. Auch Plinius reiste bis nach Somalia. Während seines Besuches in der dortigen römischen Handelsniederlassung bemerkte er – im Gegensatz zu Apicius – das Gewürz und klärte nach seiner Rückkehr den in Rom weit verbreiteten Irrtum auf, Ingwer sei die Wurzel des Pfefferbaumes.

Gewürzhandel in Arabien

Die Araber handelten seit alters her mit Ingwer, setzten ihn aber auch medizinisch ein. Der Prophet Mohammed, gelernter Gewürzhändler und Apotheker, kannte die Heilkraft der Wurzel und zählte sie zu den Verheißungen des Paradieses, wo Ingwerwasser aus einer Quelle sprudele.

Die islamische Medizin empfiehlt frischen Ingwerwurzelstock bei Erbrechen, Blähungen, Fieber und Husten. Getrocknet soll er Bauchschmerzen und Durchfall, aber auch Rückenschmerzen lindern.

Ingwer: die Arznei des „Propheten"

In der „Arznei des Propheten", einer Schrift, die im 15. Jahrhundert in Kairo entstand (der Verfasser heißt Al Sayuti) steht: „Ingwer ist heiß und trocken im dritten Grad und trocken im zweiten. Er zügelt übermäßige Feuchtigkeit. Er ist ein Helfer der Verdauung, stärkt die geschlechtliche Gemeinschaft und behebt Winde (...). Er erreicht die Verflüssigung zähen Schleims. Ein Konfekt aus Ingwer besänftigt den Magen. Es ist hilfreich im Alter."

Ingwer im Mittelalter

Als im frühen Mittelalter ein reger Gewürzhandel zwischen Asien und Europa im Gange war, interessierte man sich hauptsächlich für die scharfen Körner des Pfeffers. Diesem Spitzenreiter folgt an zweiter Stelle – und das wundert uns heute – Ingwer. Da Gewürze im Mittelalter sehr teuer gehandelt wurden, waren sie ein Statussymbol für Reiche. Die begehrte Handelsware wurde sogar mancherorts zum Zahlungsmittel. So besteuerte etwa der Erzbischof von Aix-en-Provence das

Recht der jüdischen Gemeinde auf Schulen und Friedhöfe mit Pfeffer und Ingwer.

Nach der Eroberung des weströmischen Teils von Europa durch die Barbaren war es einige Jahrhunderte still um den Ingwer gewesen. Jene hatten wenig Interesse an Gewürzen. Der Anbau von Kräutern wurde ausschließlich in den Klöstern gepflegt. Von Ingwer in west- und nordeuropäischen Häusern ist erst wieder ab dem zehnten Jahrhundert die Rede. Im Jahre 973 weilte der arabische Arzt Ibn Jacub in Mainz. Er war verwundert, als er hier Gewürze antraf, die er nur aus seiner morgenländischen Heimat kannte: Bei den Händlern in Mainz hatte er Pfeffer, Gewürznelken und Ingwer entdeckt.

Auch die heute wieder sehr populäre Äbtissin Hildegard von Bingen war mit dem Ingwer vertraut. Hildegard von Bingen lebte von 1098 bis 1179 und gehörte dem Orden der Benediktinerinnen an. Sie war Anfang 40, als sie begann, ihrem Sekretär medizinische, prophetische und apokalyptische Werke zu diktieren. Rund 2000 Heilmittel und Therapievorschläge finden sich in ihren Schriften. Mitte der 90er Jahre wurde die Äbtissin populär, es setzte eine regelrechte Hildegard-Mode ein. Als Wiederentdecker ihrer Heilkunde wird der österreichische Arzt Dr. Gottfried Hertzka genannt. Hildegard von Bingen war Mystikerin. Gott selbst habe ihr das Wissen mitgeteilt und sie aufgefordert alles schriftlich festzuhalten, so äußerte sie sich selbst über ihr Wirken. Entgegen einer zuweilen verbreiteten Meinung hat sie nie geforscht, sie absolvierte weder ein wissenschaftliches Studium noch besaß sie heilpraktische Erfahrungen.

Ingwer in der Hildegard-Medizin

In den Werken der Mystikerin Hildegard von Bingen sind rund 2000 Rezepturen und Kräuteranwendungen enthalten. Ähnlich wie in der Traditionellen Chinesischen Medizin spricht sie vom „Gleichgewicht der Säfte" im menschlichen Organismus, das im Heilungsprozeß wieder hergestellt werden muß. Ingwer findet Anwendung bei Augenkrankheiten, Magenkoliken und Appetitlosigkeit. Aber vor hemmungslosem Gebrauch der Knolle wird ausdrücklich gewarnt: „Ingwer macht lasziv und vergesslich", urteilte sie, „er steigert das Triebhafte."

In der Hildegard-Medizin wird die Anwendung von Ingwer bei Augenkrankheiten, Magenkoliken und Appetitlosigkeit empfohlen. Aber die Nonne hatte auch Einwände gegen dieses Mittel: „Ingwer macht lasziv und vergesslich," urteilte sie, „er steigert das Triebhafte". Viele Details der Hildegard-Medizin wurden erst in letzter Zeit genauer untersucht. Dabei konnte manche Rezeptur auch von einem modernen wissenschaftlichen Standpunkt aus bestätigt werden. Andere Beobachtungen der Äbtissin stimmen mit den Ergebnissen der Forschung nicht überein, anderes wartet noch auf eine genauere Untersuchung. Überraschend sind für uns heute vor allem die offensichtlichen Querverbindungen zur Traditionellen Chinesischen Medizin: So spricht auch Hildegard von Bingen vom „Gleichgewicht der Säfte" im menschlichen Organismus und meint damit nichts anderes als die Yin-Yang-Harmonie. Auch beschrieb sie detailliert das Abbrennen von getrockneten Kräutern auf der Haut – eine Therapieform, die in der chinesischen Heiltradition unter dem Namen Moxa bekannt ist.

Daß Hildegard von Bingen in ihren Schriften auch vermeintlich Exotisches wie den Ingwer erwähnt, hatte seinen Grund nicht zuletzt in dem zu der Zeit schon lebhaften Handel Mitteleuropas mit dem Orient. Beim ersten Kreuzzug im Jahre 1069 hatten die Kreuzritter Jerusalem – die Wiege des Christentums – erobert. Von den italienischen Hafenstädten aus stachen immer mehr Schiffe mit Ziel Palästina in See. Es entwickelte sich ein reger Warenverkehr auf dem Seeweg. Der Gewürzimport ließ die italienischen Kaufleute in den Küstenstädten immer reicher werden, denn der Genuß der aromatischen Köstlichkeiten wurde schon bald Mode unter der wohlhabenden Schicht. Es gab aber noch einen weiteren Grund, der den Handel mit dem exotischen Trockengut europaweit florieren ließ: Immer wieder wurde – auch von Medizinern – behauptet, dass Gewürze eine reinigende Wirkung auf den menschlichen Organismus hätten und daher vorbeugend gegen Krankheiten wirken könnten. Denn die Angst vor

Ingwer – Vorbeugung gegen die Pest

Im Jahre 1347 ging ein genuesisches Schiff in Sizilien vor Anker. Voll beladen mit Waren kam es direkt aus Kaffa am Schwarzen Meer. Mit an Bord war aber auch ein ungebetener blinder Passagier – ein kleiner, Tod bringender Erreger: die Pest. Mehr als 20 Millionen Menschen sollten ihr im Laufe der nächsten Jahrhunderte zum Opfer fallen. Im Mittelalter glaubte man, dass der „schwarze Tod" durch schlechte Luft übertragen wird. Deshalb kaute man Ingwer, weil man sich von dessen Schärfe einen gewissen Schutz versprach.

Vergiftungen und Seuchen war in den mittelalterlichen Menschen tief verwurzelt, zu oft hatten Epidemien ganze Landstriche entvölkert.

Ernte in der Neuen Welt

Die Abhängigkeit Europas von den Arabern beim gewinnbringenden Handel mit Gewürzen widersprach dem absoluten Machtanspruch der portugiesischen und spanischen Herrscher. Noch waren die Kontinente jenseits der Weltmeere unbekannt, eine Suche der sagenhaften Gewürzländer, von denen Marco Polo und seine Kollegen so euphorisch berichtet hatten, ein Wagnis mit unbestimmtem Ausgang. Doch das Zeitalter der großen Seefahrer hatte begonnen und Kolumbus, da Gama, Magellan und viele andere verließen mit gut ausgerüsteten Schiffen die Häfen ihrer Heimat.

Vasco da Gama war der Erste, der den neu entdeckten Seeweg nach Indien hin und zurück segelte. Man schrieb den 10. Juli des Jahres 1499, als er mit einer kleinen Gewürzladung in Lissabon vor Anker ging. Noch im gleichen Jahrhundert setzten sich die Spanier in der Karibik fest. In ihren Gepäckkisten war auch Ingwer mit an Bord. Der Anbau der Knolle in der neuen Heimat war von Erfolg gekrönt; speziell auf Jamaica entwickelte der Ingwer ein noch reicheres Aroma als in seiner südasiatischen Heimat. Für die spanischen Kolonisatoren wurde der Export des karibischen Ingwers zum großen Geschäft: Sie verschifften das Gewürz nach Lissabon und Antwerpen – eine Stadt, die sich zum größten Handelszentrum in Europa entwickelte und Mitte des 16. Jahrhunderts bereits 100 000 Einwohner zählte. In Antwerpen gingen damals täglich mehr als 100 Schiffe vor Anker, weit über 1000 internationale Handelshäuser hatten dort ihren Sitz. Aus dieser Zeit blieb übrigens ein Ausdruck erhalten, der

Ingwer in der Neuen Welt

Mit dem Beginn der Kolonialepoche erlosch die arabische Vormachtstellung beim Gewürzhandel. Ingwer, der auf der klimatisch begünstigten Insel Jamaica angebaut wurde, wurde zum Exportschlager, der über die Handelshäfen Lissabon und Antwerpen den Weg nach Europa fand. Aber auch die Indianer wußten die Knolle, die von den Weißen über Florida eingebürgert wurde, zu schätzen. Sie setzen ihn bei Verdauungsbeschwerden und zur Leberentgiftung ein.

heute noch gebräuchlich ist, nämlich das Wort „Droge". Es stammt ursprünglich aus dem Niederländischen und bezeichnet getrocknete Pflanzen („droog" heißt trocken).

Durch den regen Gewürzhandel mit den Mutterländern gelangten in der Folge eine Reihe neuer Pflanzen und Tiere in die Neue Welt, die Einfluß auf das Leben der Ureinwohner nahmen. Indianische Heilkundige sprachen in solchen Fällen von „Fußstapfen des weißen Mannes" und meinten dies durchaus positiv, denn sie betrachteten die grünen Einwanderer als eine der wenigen Segnungen, die die Kolonisierung ihres Kontinents mit sich gebracht hatte. Solch ein Mitbringsel ist beispielsweise das Johanniskraut – und auch der Ingwer, der von den Weißen in Florida eingebürgert wurde. Indianer kennen den Ingwer heute als wirksames Mittel bei Verdauungsbeschwerden aller Art. Er wird ebenfalls als wesentlicher Bestandteil einer Mischung zur Leberentgiftung empfohlen.

Niedergang des Gewürzhandels

In Deutschland war es die Augsburger Familie der Fugger, die im internationalen Gewürzhandel mitmischte. Sie besaßen in ganz Europa ihre Zweigstellen. Die Araber waren ausgeschaltet; die Europäer bedienten sich nun direkt vor Ort. Auch für die venezianischen und genuesischen Großhändler war die Blütezeit ihres Wohlstands zu Ende. Die neuen Wege des Gewürzimports waren aber dennoch nicht ohne Risiko – Piraten lauerten den voll beladenen Schiffen auf hoher See auf. Auch auf dem Landweg konnte niemand sicher sein, dass eine

Piraten und Betrüger

Die neuen Importwege für Gewürze hatten auch ihre Tücken: Die reich beladenen Schiffe waren begehrte Beute von Piraten. Auch auf dem Landweg waren räuberische Überfälle auf Gewürztransporte keine Seltenheit. Zudem kam es immer wieder vor, daß gewissenlose Händler gutgläubige Hausfrauen betrogen und den gemahlenen Ingwer mit getrocknetem Brot streckten. So setzte langsam eine Rückbesinnung auf heimische Kräuter ein – sie waren ebenfalls schmackhaft aber weitaus preiswerter.

Ladung ihr Ziel erreichte. In den dichten Wäldern schlichen sich auf Gewürzdiebstahl spezialisierte Räuberbanden an die Transporte heran. Und dann gab es da noch gewissenlose Händler, die gemahlenen Ingwer mit getrocknetem und klein geriebenem Brot streckten ...

Mitte des 16. Jahrhunderts warnte Hieronymus Bock, der berühmteste Kräuterbuchautor der damaligen Zeit, vor solchen skrupellosen Machenschaften. Sein damaliger Tipp an verunsicherte Köche und Hausfrauen: „Nehmt frische einheimische Kräuter, die tun es auch!“

Als Heilmittel blieb der Ingwer allerdings nach wie vor sehr populär. Erkältung, Verdauungsschwäche und Zahnschmerzen sowie Vergiftungen nennt die Literatur der damaligen Zeit als medizinische Einsatzgebiete. Lonicerus, der von 1538 bis 1586 lebte und Stadtarzt in Frankfurt war, schreibt in seinem „Kreuterbuch“ (1564): „Imber ist gantz gut dem bösen Magen, ist gut wieder Wehemut deß Magens und Gedärms, so von Winden kommen und nacht wohl dauen. (...) Wem die Zähne wehe thun, der nemme Imber zehen und schneid sie klein, siede die in Wein und wasche die Zähn nüchtern und warm damit. Imber in die Kost vermischt ist fast gut für schwinden. Ein halb Loth Imber mit Essig genützt, deß Abends wann du wilt schlaffen gehen, auf einen Trunck eingenommen, benimmt die böse Feuchtigkeit durch den Schweiß also, dass man sich nach Mitternacht wol zudecke, und also schwitze. Imber ist allen Menschen gut, so innerlich erkaltet seyn, fürnemlich der grün und eingemachte Imber.“

Sittenverfall durch exotische Gewürze

Die wachsende Unpopularität exotischer Gewürze, die im Lauf des 16. Jahrhunderts einsetzt, kommt auch in der Literatur zum Ausdruck: Der Dichter Heinrich Bebel ließ in seinen derben Schwänken ganz gerne Zeitgenossen auftreten, die einen sehr lockeren Umgang mit der Moral pflegten. Er führte ihre Genusssucht auf die Ernährung zurück, denn: „... Zimt und Ingwer haben ihr Blut verdorben!“

Allmählich zeichnete sich der Niedergang des Gewürzhandels ab. Tatsächlich hatten die Köche und Hausfrauen die einheimischen Kräuter und auch den Eigengeschmack der Lebensmittel wieder entdeckt. Ganz rabiat war man in Frankreich, wo man speziell den Ingwer regelrecht aus Küche und Speisekammer verbannte. Die französische (ingwerlose) Küche sollte im Laufe der Zeit immer mehr an internationalem Einfluss gewinnen. Inzwischen waren die Berge von Gewürzen in Antwerpen, Lissabon und London immer weiter angewachsen. Plötzlich gab es sie im Überfluss. Um keinen Preisverfall in Kauf nehmen zu müssen, verbrannten die Kaufleute überschüssige Ware. Der Ingwer war in Europa völlig aus der Mode gekommen.

Letzte Bastion: England

Ganz Europa? Nein, in England hielt man dem Ingwer weiterhin die Treue. Als wichtige Zutat in Kuchen, Süßigkeiten und Limonade blieb er den Briten erhalten. Auf dem Festland fristete er unterdessen lediglich im Lebkuchen ein unscheinbares Schattendasein. In England wohnt die Märchenhexe aus „Jack and Gill" („Hänsel und Gretel") nicht im Pfefferkuchenhaus, sondern in einer Hütte aus Ingwerbrot. Und mit Ingwerduft lockt sie das Geschwisterpaar auch in ihr Hexenhaus. Die böse Frau spekuliert nämlich ganz bewusst darauf, dass der Duft bei den Kindern ein Gefühl von Geborgenheit und Vertrauen hervorruft.

In der englischen Tradition ist der Ingwer über die Jahrhunderte hinweg präsent geblieben. In vielen Pubs war es noch bis vor einiger Zeit üblich, dass auf dem Tresen ein Krug mit Ingwer stand. Die Gäste konnten sich daraus bedienen und ihr Bier damit würzen. Ingwerbrotmänner spielen in England eine ähnliche Rolle wie in manchen deutschen Regionen Weckmänner oder Lebkuchenherzen. Man bäckt Ingwerbrot auch in Buchstabenform oder verziert es mit (manchmal recht eindeutigen) Aufschriften und verschenkt es an die oder den Angebeteten. Dem Ingwer wird eine erotisch-stimulierende Wirkung nachgesagt (vor der ja schon Hildegard von Bingen gewarnt hatte) – und auf diese hofft man bei dem oder der Beschenkten. In der Tat ist diese „Indikation" nicht ganz von der Hand zu weisen: Die nachweisbare durchblutungsfördernde Wirkung

Gegen königliche Winde

Auf der Insel sind nicht nur Jack und Gill dem Ingwerbrot verfallen, auch Queen Elizabeth I. (1533-1603) zählte es ganz offiziell zu ihren Lieblingsspeisen. Sie schwörte zudem auf ein Pulver, das in erster Linie auf weißem Ingwer basierte, und dem man Zimt, Kümmel, Anis und gemahlenen Fenchel beigemischt hatte. Sie nahm es ein, um „Winde abzulassen, den Magen zu besänftigen und die Verdauung zu unterstützen." Auch die Queen wusste, was heute die Wissenschaft nicht bestreitet: Ingwer wärmt den Körper von innen, fördert die Durchblutung und die Verdauung.

des Ingwers dürfte auch die sexuellen Fähigkeiten steigern. Allerdings scheint die Sofortwirkung eines Stückchens Ingwerbrot eher fraglich zu sein ...

Jake und die lahmen Amerikaner

Im Jahre 1930 – der Zeit der Prohibition, in der Alkohol verboten und nur in Arzneimitteln toleriert wurde – geisterte eine neue Krankheit durch den nordamerikanischen Blätterwald. Die Zeitungen berichteten aufgeregt von einer Art Lähmung der Beine, die man bis dato noch nicht beobachtet hatte. Mehrere tausend Menschen waren betroffen. Die außergewöhnliche Ursache der Beschwerden war bald gefunden: Sie hieß Jake. Unter diesem Namen war in den USA der flüssige Extrakt des Jamaika-Ingwers auf dem Markt. Das Mittel war ein Medikament gegen Verdauungsbeschwerden und enthielt 70 Prozent Alkohol. Mangels Bourbon trank man jetzt Jake. Allerdings nicht pur – auch den verdorrtesten Kehlen wäre dies zu heftig gewesen. Aber als Mixzugabe z.B. in Cola wurde Jake zum Renner. Aber es tauchten auch die abenteuerlichsten Mixturen auf, in denen man mit Zuckersirup, Glycerin, ja sogar mit Rizinus versuchte, den Arzneigeschmack zu überdecken. Für den einen oder anderen wurde das geplante Jake-Vergnügen schon allein dadurch ein ziemlicher Reinfall, Krankheiten stellten sich zunächst jedoch nicht ein. Erst als die chemische Verbindung Triorthocresylphosphat in zahlreichen Jake-Mixturen auftauchte, wurde es ernst. Bei mehreren Betroffenen hinterließ die Krankheit, die heute medizingeschichtlich als „Jamaica Ginger Paralysis“ bezeichnet wird, irreparable Schäden am Nervensystem. So mancher Jazztitel aus der damaligen Zeit, wie der „Jake Leg Blues“, erinnern an dieses unerfreuliche Kapitel in der Ingwergeschichte.

Jake Legs

Jake – flüssiger , alkoholischer Extrakt des Jamaica-Ingwers – war zur Zeit der Prohibition der Grundstoff für alkoholische Getränke. Zuckersirup, Glyzerin oder Rizinus waren weitgehend harmlose Zusätze, um den Arzneimittelgeschmack zu relativieren. Als die chemische Verbindung Triorthocresylphosphat den Mixturen beigemischt wurden, erkrankten mehrere tausend Menschen ernsthaft an einer Lähmung der Beine, manche erlitten irreparable Schäden am Nervensystem.

Neue Popularität für Ingwer und Curry

Hier zu Lande dauerte es bis ins letzte Drittel dieses Jahrhunderts, bis der Ingwer wieder aus der Versenkung auftauchte. Es geschah dann plötzlich irgendwo im Ruhrgebiet und mitten in Berlin: Anfang der 60er Jahre wurde die bundesdeutsche Esskultur revolutioniert – die Currywurst erschien auf der Bildfläche. Im Currypulver, einer Mischung aus verschiedenen fernöstlichen Gewürzen, befindet sich auch ein wenig Ingwer. Mit der Currywurst schlich sich die aromatisch-scharfe Knolle zurück in mitteleuropäische Mägen. Auch die vielen chinesischen, indischen und thailändischen Restaurants, die in den 60er und 70er Jahren wie die Pilze aus dem Boden schossen, förderten die Renaissance des Ingwers. Seit Ende der 80er Jahre verstärkt zudem der Fernreiseboom die Nachfrage nach exotischen Gewürzen: auf schmackhafte Gerichte, die man im Urlaubsland kennen gelernt hat, möchte man auch nach dem Urlaub nicht verzichten. Inzwischen erfreut sich der Ingwer wieder großer Popularität, man findet ihn nicht nur in Spezialitätengeschäften, sondern auch im Supermarkt frisch und preiswert. Statistisch verbraucht jeder Durchschnittseuropäer 50 Gramm Ingwer pro Jahr – zumeist als Bestandteil diverser Backwaren oder exotischer Fertiggerichte.

Curry – vielseitige Gewürzmischung

Die bei uns erhältlichen Currypulver-Mischungen sind speziell auf den europäischen Geschmack abgestimmte Fertiggewürze. Die genaue Zusammensetzung unterscheidet sich je nach Hersteller ein wenig, aber die folgenden Inhaltsstoffe sind in fast jeder Currypulver-Mischung enthalten: schwarzer Pfeffer, Chilipfeffer, Gewürznelken, Koriander, Kreuzkümmel, Curryblatt, Bockshornklee, Muskatblüte, Muskat, Piment, Senfsamen, Kurkuma, Mohnsamen und – natürlich – getrockneter Ingwer.

Die bei uns angebotenen Currypulver-Mischungen, die der Wurst die pikante Note verleihen und mittlerweile in fast jedem Gewürzbord zu finden sind, sind allerdings speziell auf den europäischen Gaumen abgestimmte Gewürzmischungen, die mit der in Indien wachsenden Currypflanze wenig gemein haben. Nur ein geringer Anteil getrockneter Curryblätter wird diesem Fertiggewürz beigegeben. In Südindien wächst die eigentliche Currypflanze in fast jedem Vorgarten. Sie stammt ursprünglich aus Südwestasien, große Vorkommen findet man auf den Vorgebirgen des Himalaya. Der aromatische Duft dieser Pflanze, ihr botanischer Name lautet „murraya koenigii" und sie gehört zur Familie der Rutaceae, wird Ihnen im Laden leider nicht in die Nase steigen, wenn Sie getrocknete Curryblätter kaufen. Er entwickelt sich nur beim Zerkleinern der frischen Pflanzen.

Fragt man nach der Herkunft des Wortes „Curry", so ist diese Bezeichnung möglicherweise von „kari" abgeleitet. Das Wort bedeutet Soße in der tamilischen Sprache. Currypulver heißt in England „curry powder", in Frankreich nennt man es „poudre de curry", in Italien „polvere di curry" und in Spanien „polvo de curry". Currypulver wird in Indien kaum benutzt. In diesem Land mit ausgeklügelter Würztradition hat man für diese Art von Fertiggewürzen kaum Verwendung. Bevorzugt werden frisch gemahlene Pflanzenteile und speziell auf die jeweiligen Gerichte abgestimmte Mischungen. Dem Currypulver am nächsten kommt Garam masala (übersetzt bedeutet es „scharfe Mischung"). Es beinhaltet angerösteten Koriandersamen, Peperoni und schwarzen Pfeffer.

Ingwer: die Knolle im Überblick

Aroma aus dem Wurzelstock

In Mitteleuropa schätzen Köchinnen und Köche den Ingwer zunehmend, weil er Pikantes und Süßes aufpeppt. Aber auch seine positive Wirkung auf den Organismus wird zunehmend entdeckt. Im Vergleich zu den asiatischen Ländern wird in Deutschland zwar noch relativ selten mit Ingwer gewürzt, die frische Knolle ist bei uns aber mittlerweile gut erhältlich. Die meisten Verwender kennen ihn allerdings eher als braunes Pulver mit dem charakteristischen scharfen Geruch, der sich beim Öffnen des Behälters ausbreitet. Gerade bei einer Pflanze wie dem Ingwer, die sowohl als Gewürz wie auch als Heilmittel eingesetzt werden kann, stellt sich die Frage, was eigentlich ein Gewürz ist. Auf jeden Fall sind es bestimmte Pflanzenteile, die entweder von sich aus lange haltbar sind oder haltbar gemacht werden können und die auf unseren Geschmackssinn (oft auch auf den Geruchssinn) einwirken.

Gewürzhändler bezeichnen die fleischige Knolle des frischen Ingwers als „Hand". Und in der Tat, mit etwas Fantasie kann man sie durchaus mit einer Hand mit knotigen Stummelfingern vergleichen. Die Haut dieser Hand erinnert an Kork, ihre Farbe reicht von beige bis braun. Das saftige Fruchtfleisch ist weiß bis gelblich. Beim Trocknen verliert die verschrumpelte Ingwerhand bis zu 80 Prozent ihres Ausgangsgewichtes. Die Ingwerpflanze selbst ist ein schilfartiges Staudengewächs. Der Stängel wird maximal zwei Meter lang, normalerweise trägt er keine Blüten. Ab und zu entwickelt sich jedoch ein zweiter Stängel, der dann auch Blüten hat: Sie sehen aus wie kleine Orchideen. Üblicherweise sind Vögel für die Ingwerpflanzenbestäubung zuständig, allerdings spielt die geschlechtliche Vermehrung durch Samen (aus dem Fruchtknoten entwickelt sich eine Kapsel mit mehreren Samen) bei der landwirtschaftlichen Nutzung der Pflanze keine Rolle. Der Ingwer wird durch die Wurzel verbreitet. Ein Wurzelstück wird in zwei Hälften geteilt und eingepflanzt. Auf diesem Wege der ungeschlechtlichen (vegetativen) Vermehrung entsteht eine komplette neue Pflanze. Der Ingwerwurzelstock (botanisch: Rhizom) hat dünne Wurzelfäden, die nach unten austreiben und nach der Ernte entfernt werden. Aus den unterirdischen Sprossen des Wurzelstocks bilden sich einjährige Stauden. Wurzel und Wurzelstock sehen sich sehr ähnlich, man kann sie also sehr leicht verwechseln. Jedoch besitzen sie unterschiedliche Funktionen. Nur die Wurzel nimmt die notwendigen Nährstoffe aus dem Boden auf, das Rhizom kriecht mehr oder weniger dicht unter der Erdoberfläche.

„Hand mit knotigen Stummelfingern"

Die Ingwerpflanze ist ein schilfartiges Staudengewächs, verwendet wird jedoch nur der Wurzelstock. Die fleischige Knolle des frischen Ingwers wird nicht selten mit einer Hand mit knotigen Stummelfingern verglichen. Ihre Haut sieht aus wie Kork, die Farbe ist beigebraun. Das saftige Fruchtfleisch ist weiß bis gelblich. Beim Trocknen verliert die verschrumpelte Ingwerhand bis zu 80 Prozent ihres Ausgangsgewichtes.

Im Gegensatz zu heimischen Wildkräutern wie etwa dem Johanniskraut kann man Ingwer nicht im heimischen Garten anbauen, das Klima in unseren Breiten ist zu rauh. Auch Forscher, die Ingwer in England anbauen wollten, mußten ihr Scheitern erkennen. Von Zuchterfolgen in gut temperierten Gewächshäusern wird allerdings hin und wieder berichtet. Wenn Sie also über ein entsprechendes Glasgebäude verfügen – versuchen Sie sich doch als Ingwergärtner! Die Pflanze liebt feuchtheißes Klima ohne direkte Sonneneinstrahlung. Ebenso benötigt sie einen feuchten Boden. In Indien setzt man die Knollen deswegen immer zu Beginn der Monsunzeit. Im mitteleuropäischen Gewächshaus ist im Frühling Ingwerpflanzzeit. Eine Ingwerhand wird in gleich große Teile (je etwa 15 Gramm) geteilt und 15 Zentimeter tief eingegraben, der Pflanzabstand sollte jeweils 25 Zentimeter betragen. Da Ingwer dem Boden sehr viele Nährstoffe entzieht, ist es ratsam, genug Kompost und organischen Dünger zu verwenden. Eine regelmäßige Abdeckung des Beetes mit Mulch ist wichtig. Die ersten Spitzen, die sich schon nach recht kurzer Zeit an der Beetoberfläche zeigen, haben Blätter, die sich um den Spross rollen. Und wenn alles gut geht, können Sie nach einem halben Jahr ernten. Bitte beachten Sie: Je länger die Ingwerwurzel reift, umso schärfer ist ihr Geschmack. Bei früher Ernte schenkt die Pflanze Ihnen eine milde, aromatische Knolle. Diese Qualität erhalten Sie auch, wenn Sie frische Ingwerknollen im Laden kaufen. Ältere Pflanzen – bei ihnen haben sich inzwischen viele Fasern gebildet – werden als getrocknete Wurzel verwendet. Die meisten scharfen Stoffe enthält der Ingwer, wenn man ihn nach etwa einem Dreivierteljahr ausgräbt. Die Wurzel ist dann schon recht trocken; sie eignet sich zum Zermahlen.

Scharfstoffe und ätherische Öle

Neben Stärke, Eiweißen, Fetten, Mineralien und Vitaminen (vor allem A und B sowie Niacin) finden sich in der Knolle Scharfstoffe und ätherisches Öl. Diese beiden letzteren machen die Wirkung des Ingwers aus. Wird der Ingwer per Lösungsmittel (Alkohol) ausgezogen und anschließend eingedampft, entsteht eine goldbraune, sehr zähflüssige Masse, die man als Oleoresin bezeichnet. In ihr konzentriert sich die Geschmackspalette der Pflanze. Das Oleoresin besteht zu einem Drittel aus den ätherischen Ölen und ebenfalls zu einem Drittel aus Scharfstoffen. Das letzte Drittel setzt sich in erster Linie aus Fetten zusammen.

Die größte Gruppe der Scharfstoffe im Oleoresin nennt man Gingerole. Das 6-Gingerol ist dabei der Stoff, der am schärfsten schmeckt. Eine weitere Gruppe von Scharfstoffen sind die Shogaole. Die Bezeichnung wird vom japanischen Wort für Ingwer („shoga") abgeleitet, da diese Verbindung im Land der aufgehenden Sonne entdeckt wurde. Die Shogaole entstehen durch einen chemischen Prozess beim Trocknen und Lagern (auch beim Kochen) des Ingwers. Da die sie um einiges schärfer sind als die Gingerole, nimmt die Schärfe des Ingwers bei der Lagerung und Verarbeitung zu. Kocht man Ingwer zu lange, lagert man ihn falsch oder lässt man ihn zu alt wer-

Scharfstoffe und ätherische Öle
Die wirksamen Bestandteile des Ingwers sind vor allem Scharfstoffe und ätherische Öle. Die größte Gruppe der Scharfstoffe nennt man Gingerole. Eine weitere Gruppe von Scharfstoffen sind die Shogaole. Sie entstehen hauptsächlich beim Trocknen und Lagern. Die ätherischen Öle (Sesquiterpene und Monoterpene) befinden sich beim getrockneten Ingwer hauptsächlich unter der Rinde. Der gemahlene Wurzelstock enthält je nach Herkunft drei bis sechs Prozent Fett, neun Prozent Eiweiß, 60 bis 70 Prozent Kohlenhydrate, drei bis acht Prozent Rohfasern, bis zu acht Prozent Asche, neun bis zwölf Prozent Wasser und zwei bis drei Prozent ätherisches Öl.

den, werden diese Scharfstoffe mit der Zeit wieder abgebaut. Was die medizinische Wirkung des Ingwer betrifft, spielen die Shogaole ebenfalls eine sehr wichtige Rolle.

Auch die ätherischen Öle des Ingwers können extrahiert werden, man gewinnt sie durch Wasserdampfdestillation. Das gewonnene Öl ist hellgelb und hat einen eher süßen Geschmack. Die ätherischen Öle (Sesquiterpene und Monoterpene) befinden sich beim getrockneten Ingwer hauptsächlich unter der Rinde. Die Sesquiterpene sind Zingiberen, Bisabolen, Curcumen, Farnesen und Sesquiphellandren. Die Monoterpene im Wurzelstock sind Borneol, Camphen, Cineol, Citral, Citronellol, Geranial, Geraniol, Limonen, Linalool, Myrcen, Neral, Phellandren, Pinen. In Zahlen ausgedrückt, enthält der gemahlene Wurzelstock je nach Herkunft drei bis sechs Prozent Fett, neun Prozent Eiweiß, 60 bis 70 Prozent Kohlenhydrate, drei bis acht Prozent Rohfasern, bis zu acht Prozent Asche, neun bis zwölf Prozent Wasser und zwei bis drei Prozent ätherisches Öl.

Ingwervielfalt

Weltweit werden jährlich rund 100 000 Tonnen Ingwer auf den Markt gebracht. Aus Indien werden drei Sorten exportiert: Aus Cochin an der Malabarküste kommt ein hellbrauner, grob geschälter Ingwer, der erdig/zitronenartig schmeckt. Eine ähnliche Note hat auch der Ingwer aus Calicut, dessen Farbe allerdings mehr ins Rötliche geht. Hinzu kommt noch eine dritte Art, die gebleicht ist und mit Kalk bestrichen wird. Dieser weiße Ingwer schmeckt recht süß, aber genau wie die beiden anderen ziemlich scharf. Deutlich milder ist der Jamaika-Ingwer. Er hat ein helles Braun, ist glatt und sauber geschält und hart. Sein Geschmack ist sehr aromatisch. Mild ist auch sein chinesischer Vetter. Hellbraun und ungeschält, schmeckt er leicht nach Zitrone. Eine ähnliche Farbe hat der glatte australische Ingwer, allerdings ist das Zitronenaroma stark ausgeprägt und er ist ziemlich scharf. Die schärfsten Ingwervariationen kommen aus Afrika: In Nigeria baut man eine Pflanze an, deren runzelig-dunkle Knolle nach Kampfer schmeckt, ähnlich wie der Sierra-Leone-Ingwer, der allerdings farblich mehr ins Graubraune tendiert.

Aus den Anbauländern geht der Ingwer meistens in getrockneter Form als hellbraunes, scharfes Pulver auf die Reise nach Europa. Zuvor hat man ihn von der Wurzelrinde befreit, gewaschen und zehn Tage in der Sonne getrocknet. Auf Jamaika wässert man ihn über Nacht, um ihn dann am nächsten Tag zu schälen. Die zuständigen Verarbeiter achten darauf, dass die Knolle sehr dünn geschält wird. Denn die wichtigen ätherischen Öle, die für das typische Aroma verantwortlich sind, liegen direkt unter der Schale.

Die Qual der Wahl

Kenner bezeichnen den Jamaika-Ingwer, der durch sein feines Aroma besticht, als die beste Sorte. Er ist weder gebleicht noch gekalkt und nur oberflächlich geschält. Die indische Cochin-Sorte hat ebenfalls einen guten Ruf. Ebenso der bengalische Ingwer; er ist nur an den flachen Seiten geschält. Auch australischer Ingwer wird geschätzt. Afrikanischer Ingwer ist schärfer als sein jamaikanischer Vetter, hat allerdings nicht so ein feines Aroma. Keine guten Noten erhält der japanische Ingwer.

Kauft man frischen Ingwer, hat man im Laden zuweilen die Qual der Wahl bzw. man steht vor der Frage, ob denn die angebotene Knolle der Qualität entspricht, die man erwartet. So sind nicht oder nur unvollständig geschälte Sorten, die man mit kochendem Wasser überbrüht und schnell getrocknet hat, als „bedeckter“ oder „schwarzer Ingwer“ in manchen Geschäften zu haben. Geschälter oder „weißer Ingwer“ ist vielfach gebleicht oder mit Kreide bzw. Kalk eingerieben worden – zum einen, um ihm eine hellere Farbe zu verleihen, zum anderen, um ihn vor Insekten zu schützen.

Weitere Ingwergewächse

Die große Familie der Ingwergewächse (Zingiberaceae) hat rund 50 Mitglieder. Von den diversen Ingwerarten wird allein der offizinelle Ingwer medizinisch genutzt. (Eine Pflanze wird als „offizinell“ bezeichnet, wenn man sie als Heilmittel in das amtliche Arzneibuch aufgenommen hat). Gelbwurz, Galgant, Kardamom und Zitwer zählen als Gewürzpflanzen auch mit zur Ingwerfamilie.

Die Gelbwurz (Curcuma longa) hat ihren Ursprung im Süden Asiens. Es ist eine kleine Staudenpflanze mit lanzenförmigen Blättern und hellgelben Blüten. Auch hier wird der Wurzelstock getrocknet in den Handel gebracht. Gelbwurz ist ein wichtiger Bestandteil von Curry-Gewürzmischungen. Sein gelber Farbstoff, das Curcumin, sorgt für die typische Farbe. Man kann Kurkuma ähnlich wie Safran anwenden; deshalb wird er auch als falscher Safran oder Safranwurzel bezeichnet. In Zeiten, als man noch auf Farbstoffe aus der Natur angewiesen war, nahm man das Curcumin zum Färben von Baumwolle und Papier. Es heißt, Curcumin könne den Cholesterinspiegel im Blut senken. In Tierversuchen ergaben sich Hinweise auf eine antibakterielle und entzündungshemmende Wirkung. Kurkuma regt die Gallenproduktion und die Bildung des Magensaftes an.

Aus Indien und Sri Lanka stammt der Zitwer (Curcuma zedoaria). In seinem Wurzelstock finden sich in erster Linie ätherische Öle, die die Verdauung anregen können.

Anderthalb Meter hoch wird der Galgant (Alpinia officinarum) und er sieht dem Ingwer recht ähnlich. Er enthält im Wurzelstock ätherische Öle und Bitterstoffe sowie Scharfstoffe, die allesamt bei Verdauungsbeschwerden und Völlegefühl lindernd wirken können.

Der Kardamom (Elettaria cardamomum) wird auch in Indien, Java und Guatemala angebaut. Er wird bis zu vier Meter hoch, seine lanzettenförmigen Blätter erreichen rund 70 Zentimeter Länge. Der Spross der Pflanze trägt bis maximal sechs weißgelbe Blüten. Die Kardamomsamen enthalten ein ätherisches Öl, das einen sehr starken, würzigen Duft hat. Als Gewürz für Lebkuchen und Spekulatius, in den diversen Currymischungen ist der Kardamon auch bei uns vertreten. In Kombination mit anderen Stoffen (zum Beispiel Fenchel und/oder Kümmel) ist der Kardamom eine gute Hilfe gegen Blähungen. In der Ayurveda-Medizin setzt man ihn wegen seiner leicht antibiotischen Wirkung gegen Harnwegsinfektionen, Magen-Darm-Störungen und zur Anregung des Stoffwechsels ein. Da Kardamom das Herz anregt, sollte man ihn bei Bluthochdruck meiden.

Verwandte Gewürze

Es gibt rund 50 verschiedene Ingwergewächse (Zingiberaceae). Von diesen Ingwerarten wird nur der offizinelle Ingwer medizinisch genutzt. Als Gewürzpflanzen zählen Gelbwurz, Galgant, Kardamom und Zitwer auch mit zur Ingwerfamilie.

Der Kalmus (Acorus calamus) wird auch als „deutscher Ingwer“ bezeichnet. Er zählt allerdings nicht zur Ingwerfamilie sondern ist ein Aronstabgewächs. Er hat seinen Ursprung in Ostasien, findet sich aber auch als „Import“ an den Rändern mitteleuropäischer Seen und Teiche. Seine Blätter sind bis zu einem Meter lang (schwertförmig), sein Blütenkolben misst 15 Zentimeter. Aus dem Wurzelstock werden ein ätherisches Öl sowie Bitter- und Gerbstoffe gewonnen, die medizinisch verwendbar sind. Diverse Magen- und Darmmittel (auch die so genannten „Schwedenkräuter") enthalten Kalmus als Bestandteil. Er hilft mit, Appetit und Verdauung anzuregen.

Gesundheit – ein wertvolles Gut

Gesundheit, ein Normalzustand?

In diesem Buch dreht es sich um Heilung mit Hilfe eines Gewürzes. Gesundheit ist nach Ansicht vieler Menschen die Abwesenheit von Krankheit. Wer keine offensichtlichen Krankheitssymptome zeigt, gilt daher automatisch als gesund. Aber die Zusammenhänge sind komplizierter. In uns allen steckt eine tiefe Sehnsucht nach einem glücklichen Leben, nach Erfüllung und Zufriedenheit. Ob bewusst oder unbewusst – wohl jeder durchschnittlich veranlagte Mensch wünscht sich ein gutes Leben und hat den Wunsch nach Harmonie und Geborgenheit, sehnt sich nach Liebe und Anerkennung. Eine „funktionierende" Gesundheit gilt als notwendige Voraussetzung für die Erreichung dieser Ziele. Doch normalerweise denken wir über unsere Gesundheit ernst nach, wenn wir krank werden.

Krankheit macht sich meist durch Schmerzen und diverse Handicaps bemerkbar. Mit Hilfe der Medizin können wir diese Schmerzen und körperlichen Einschränkungen in vielen Fällen lindern. Die überwiegende Mehrheit der Menschen glaubt, dass Krankheit etwas Normales, Schicksalhaftes ist. Wer gesund bis ins hohe Alter bleibt, hat – so die landläufige Meinung – Glück gehabt. Doch normalerweise ist der menschliche Körper so ausgerüstet, dass er viele schädigende Einflüsse abwehren kann.

Gesundheit – eine Frage des Immunsystems?

Gesundheit ist ein kostbares Gut, und der menschliche Körper ist auch darauf ausgerichtet, bis ins hohe Alter vital zu bleiben. Meist funktioniert das Immunsystem äußerst zuverlässig. Doch trägt unsere „moderne" Lebensweise viel dazu bei, daß dem Körper nicht mehr die ganze Kraft zur Verfügung steht, eindringende Krankheitserreger abzuwehren. Eine gesundheitsbewußte Lebensweise trägt viel zum Aufbau und zur Erhaltung eines funktionierenden Immunsystems bei.

Wir haben ein hervorragendes Abwehrsystem: Tag und Nacht, jahrzehntelang, sind diverse Organe mit nichts anderem beschäftigt als Giftstoffe zu erkennen, unschädlich zu machen und auszuscheiden. Bis zu einem gewissen Belastungsgrad wird der Organismus daher mit Krankheitserregern fertig. Erst wenn ein hohes Maß an Schwächung vorhanden ist, kapituliert dieses Bollwerk, das man in der Medizin als Immunsystem bezeichnet.

Und es scheint bei einigen Zeitgenossen tatsächlich sehr lange zu dauern, bis diese Festung fällt, wenn man unsere nicht gerade gesundheitsfördernde Lebensweise in Betracht zieht. Viele Menschen neigen dazu, Krankheit als Strafe anzusehen („warum gerade ich?"). Die wenigsten führen sie auf mögliches eigenes Fehlverhalten zurück. Bei Naturvölkern, die in einer intakten Umwelt, mit frischer Luft, gesunder, ausgewogener und vitaminreicher Ernährung und wenig psychischem Stress leb(t)en, gelten Gesundheit und Vitalität bis ins hohe Alter als Normalzustand. Der Mensch hat es verlernt, sich als Teil der Natur zu sehen. Anstatt mit ihr in einer Symbiose zu leben, hat er sie Jahrtausende lang traktiert und geschunden, getreu nach dem Bibelmotto: „Machet euch die Erde untertan". Unsere Umwelt ist mit Giften belastet, die angeblichen Segnungen des technischen Fortschritts zerstören langsam unsere natürlichen Lebensgrundlagen.

Zum Aufbau und zur Erhaltung eines funktionierenden Immunsystems bedarf es einer vernünftigen Ernährung mit viel frischem Obst und Gemüse, die uns mit den entsprechenden Vitaminen versorgt. Die Nahrung sollte ausgewogen und möglichst naturbelassen, also möglichst nicht mit Giftstoffen belastet sein. Und wir brauchen frische Luft und Bewegung: Gehirn und Blut benötigen Sauerstoff. Ausreichend Schlaf, damit Organismus und Geist regenerieren können, sollte ebenfalls selbstverständlich sein. All dies ist mit einem entsprechenden Willen und Zeiteinsatz, mit einer gewissen Selbstdisziplin und

Gesundheit – auch die Psyche spielt mit

Eine gesundheitsbewußte Ernährung ist eine wichtige Basis zur Erhaltung der Gesundheit. Aber auch die psychische Verfassung eines Menschen wirkt sich entscheidend auf das Immunsystem aus. Wenn man versucht, in Einklang mit sich und seiner Umwelt zu leben, schafft man gute Voraussetzung für eine stabile Gesundheit. Eine Garantie für ein langes, vitales Lebens ist dieses Verhalten jedoch nicht.

Organisation durchaus machbar. Aber ein vernüftige, gesundheitsbewußte Lebensweise ist offensichtlich nur ein Aspekt unter vielen, der unsere Gesundheit beeinflußt.

Vermutlich ist der wesentliche Faktor, der entscheidet ob unser inneres Pendel in Richtung Gesundheit oder Krankheit ausschlägt, unsere Psyche. Wenn wir unglücklich sind oder Probleme haben (die wir vielleicht verdrängen), wenn psychische Wunden aus der Vergangenheit unsere Gegenwart beeinträchtigen, wenn wir unsere „Lernaufgaben" nicht bewältigen – dann kann es durchaus sein, dass auch die gesündeste Ernährung die Gesundheit nicht zu erhalten vermag. Was nützt teures Gemüse aus dem Bioladen, wenn es in einem grollenden Bauch landet? Dann doch lieber in fröhlicher Runde einen Hamburger bei McDingsda!

Vorsicht ist jedenfalls immer angebracht, wenn von der vermeintlichen eigenen Schuld eines Menschen an seiner Krankheit die Rede ist. Dies wäre eine fatale Zuweisung. Kein Mensch kann das Schicksal eines anderen beurteilen. Das einzige, was wir mit Bestimmtheit heute sagen können ist, dass wir durch ein gesundheitsbewusstes Verhalten Krankheitsrisiken vermindern können. Dazu gehört, dass wir:

- möglichst naturnah leben
- regelmäßig Obst und Gemüse essen und auf eine entsprechende Vitaminzufuhr achten
- schädigende Genussgifte (Nikotin, übermäßiger Alkoholgenuss) meiden
- mit unseren Mitmenschen in Einklang leben
- „bewusst" leben, also dem Alltag und allem was geschieht, auch eine spirituelle Dimension geben
- Liebe geben und erhalten
- uns selbst akzeptieren wie wir sind und ein gutes Maß an Selbstrespekt und -liebe besitzen
- desktruktiven Gefühlen wie Hass, Neid, Selbstsucht oder Habgier keinen Raum geben
- in der Lage sind, unsere angeborene Kreativität ausleben zu können,
- genug Demut besitzen, um nicht alles, was geschieht, erklären zu können, zu müssen und zu wollen

Ein Garantie für ein langes gesundes Leben ist dieses Verhalten jedoch sicher nicht. Das Leben ist und bleibt ein unwägbares Abenteuer. Für uns alle.

Denken Sie gesund!

Ganz entscheidend für unsere körperliche Unversehrtheit ist unser Denken. Jeder Mensch ist in der Lage selbst zu entscheiden, welche Gedanken er zuläßt. Ob sich die Mehrheit der Menschen allerdings dessen bewusst ist, steht auf einem anderen Blatt. Wir können aber unsere Lebenseinstellung verändern, wenn wir wollen. Vor einigen Jahren kam ein neuer Trend aus den USA zu uns, der sich „positives Denken" nannte. Bücher in Millionenauflagen und nicht gerade preiswerte Wochenendseminare wollten uns weismachen, dass wir die Quelle zu Reichtum und Schönheit, Intelligenz und Gesundheit in uns tragen. Grundsätzlich haben alle diese Bestseller nicht Unrecht. Das Leben ist für jeden Menschen einfacher, wenn man konstruktiv an seine Arbeit, Ziele und Aufgaben geht, wenn man sich nicht in einem Netz aus Angstgedanken und einer „Was-wäre-wenn"- oder „Das-klappt-ja-doch-nicht"-Destruktivität verstrickt. Aber oberflächlich positives Denken ist naiv und führt nur vermeintlich zum Ziel. Wir können noch so fest daran glauben, Millionär zu werden; wenn wir keine Kreativität entwickeln, füllt sich unser Bankkonto nicht.

Gesundheit durch innere Bilder

Positive Gedanken und Vorstellungen über die eigene Gesundheit beeinflussen unser Unterbewußtsein. Wenn Sie Ihr Ziel eines bewußten Lebens bejahen und Ihre Lebensgewohnheiten ändern wollen, wird das Unterbewußtsein Sie unterstützen. Die inneren Bilder werden verstärkt, wenn man sie mit positiven kurzen Sätze unterlegt, z.B.: „Ich fühle mich wohl, es geht mir gut." Suggestive Psychotechniken wurden in allen Kulturen über die Jahrhunderte gepflegt. Man erlernt sie am besten bei einem serösen Lehrer.

Wir brauchen konstruktives Denken, aufbauende Gedanken, die uns helfen, realistische Ziele in die Tat umzusetzen. Wenn wir ein Ziel haben – nehmen wir einfach mal als Beispiel die allgemeine Verbesserung der Gesundheit – können wir dieses Ziel gedanklich formulieren. Das klappt mit Bildern am besten. Stellen Sie sich vor, wie Sie fit und voller Elan den Alltag bewältigen, wie Sie gesund und strotzend vor Vitalität dem Leben begegnen. Schauen Sie sich diesen inneren Film sooft es geht an. Sie können ihn mit entsprechenden Szenen aus ihrem üblichen Alltag anreichern. Immer agieren Sie dabei so, wie Sie sich gerne hätten. Ihr Unterbewusstsein wird diese Bilder nach einer gewissen Zeit für selbstverständlich halten. Wenn Sie Ihr Ziel bejahen (und bereit sind, etwas dafür zu tun – nämlich ihre unter Umständen ungesunden Lebensgewohnheiten zu ändern), wird Ihr Unterbewusstsein Ihr Verbündeter sein. Es wird die Bilder in die Tat umsetzen. Achten Sie darauf, dass Sie niemals an Krankheiten denken, von denen Sie möglicherweise befallen werden könnten. Man kann sich Krankheiten tatsächlich einreden!

Denken Sie an Ihre Gesundheit. Die inneren Bilder werden optimal unterstützt, wenn man ihnen so genannte Affirmationen beifügt, sozusagen als Untertitel. Affirmationen sind positiv formulierte kurze Sätze, die, wenn man sie regelmäßig denkt, vom Unterbewusstsein in die Tat umgesetzt werden. Sinnvoll sind „Es geht mir von Tag zu Tag in jeder Hinsicht immer besser und besser", „Ich bin kerngesund", „Meine Gesundheit festigt sich von Tag zu Tag", „Ich fühle mich wohl, es geht mir gut". „Sprechen" Sie dabei möglichst immer in der Gegenwartszeit, niemals in der Zukunft („Ich werde ..."). Sie können auch konkret organbezogen formulieren: „Mein Herz schlägt gleichmäßig", „Mein Kopf ist klar" oder „Meine Verdauung arbeitet absolut perfekt".

Diese Methoden sind beileibe nicht neu oder, um ein Etikett zu verwenden, „esoterisch". Sie werden im autogenen Training seit Jahrzehnten angewendet. Die Mönche in den Klöstern des Fernen Ostens benutzen seit eh und je ähnliche Psychotechniken, um den Geist frei von störenden äußeren und inneren Einflüssen zu halten. Sie helfen sich zudem mit bestimmten Silben und Codewörtern (Mantras), die nach einer gewissen Übungszeit Geist und Psyche in den Zustand der Ruhe versetzen können. Praktisch ist in diesem Zusammenhang das Erlernen einer Entspannungstechnik. Autogenes Training, Meditation, Yoga – mittlerweile gibt es viele Möglichkeiten zur sinnvollen inneren Einkehr. Vertrauen Sie sich am besten einem seriösen Lehrer an.

Heilmeditationen

Heilmeditationen bringen uns in engeren Kontakt zu unseren Organen. Über den Weg der körperlichen Entspannung, einer gleichmäßigen Atmung, der Schwere und Wärme finden wir zu innerer Ruhe. Wir können Entspannung, Bilder und Licht zu den Organen senden, die wir besonders pflegen wollen.

Gehen wir doch einmal gemeinsam auf solch eine Reise. Zunächst sorgen Sie bitte dafür, dass Sie für die nächste halbe Stunde ungestört sind. Stöpseln Sie das

Telefon aus. Bringen Sie sich in eine Position, die bequem ist und den Muskeln größtmögliche Entspannung bietet. Sitzen Sie mit etwas nach vorne geneigtem Oberkörper, die Handrücken auf den Oberschenkeln liegend, die Schultern locker. Aber auch liegen ist o.k., allerdings besteht dann die Möglichkeit, dass Sie einschlafen.

Konzentrieren Sie sich jetzt auf Ihre Atmung. Atmen Sie ganz ruhig ein und aus. Stellen Sie sich vor, dass Sie mit jedem Atemzug Ruhe und Entspannung in Ihren Körper hineinatmen. Diese Ruhe und Entspannung breitet sich in Ihrem ganzen Körper aus. Sie strömt in Ihre Schultern, in die Arme, bis in die Finger. Sie gleitet in den Brustkorb, der sich ganz langsam hebt und senkt. Sie geht weiter in den Bauch und den Unterleib, in die Beckenregion, in Oberschenkel, Waden, Füße, Zehen. Überall breitet sich Entspannung aus. Jeder Muskel, jedes Organ, jede kleinste Zelle Ihres Körpers entspannt sich. Sie werden immer ruhiger. Ihr Kopf ist frei von ablenkenden Gedanken. Tritt ein störender Gedanke auf, wird er nicht beachtet. Er verzieht sich von allein. Verleihen Sie ihm Flügel, lassen Sie ihn durch eines Ihrer Ohren davonfliegen. Ihre Aufmerksamkeit gilt jetzt nur Ihrem Körper.

Heilmeditation – Wärme und Licht für den Körper

Heilmeditationen lassen uns völlig entspannen, sie bringen Wärme in den ganzen Körper und wir finden zu unserer inneren Ausgeglichenheit zurück. Die ganze Aufmerksamkeit gilt in diesen Momenten dem Körper. Mit Heilmeditationen können Sie Ihr allgemeines Wohlbefinden steigern, aber auch die Genesung einzelner erkrankter Organe unterstützen.

Denken Sie an Wärme. Versuchen Sie diese Wärme zu lenken. Senden Sie sie überall hin. In die Arme, die Beine, den Bauch. Und genießen Sie dieses Gefühl von Wärme und angenehmer Schwere. Stellen Sie sich jetzt vor Ihrem inneren Auge einen hellen Lichtpunkt vor. Diesen Lichtpunkt können Sie in sämtliche Regionen Ihres Körpers schicken. Stellen Sie sich vor, wie der Lichtpunkt zu Ihren Organen wandert, wie er jedes Organ, das er besucht, mit Licht erfüllt. Der Lichtpunkt bedankt sich in Ihrem Namen bei den Organen dafür, dass Sie ein so gutes Teamwork mit allen anderen Bereichen des Körpers leisten. Als Gegenleistung schenkt er Ihnen Licht und Wärme. Wenn eines Ihrer Organe krank ist, kann das Licht heilende Kraft bringen. Es kann mit seinen Strahlen die kranken Bereiche erleuchten und wie ein Sonnenstrahl, der Schnee taut, die

Krankheit auflösen. Er kann Schmerzen besiegen und die Organe stärken, denn Sie haben ihm die Kraft und die Macht dazu gegeben. Es ist Ihr Körper. Und es ist Ihr Geist, der in und mit ihm lebt, der eins mit dem Körper ist. Spüren Sie das Gefühl der Einheit, des Nicht-Getrenntseins. Atmen Sie ruhig.

Wenn Sie Ihre Heilmeditation beenden wollen, atmen Sie dreimal tief ein und aus. Spannen Sie Ihre Muskeln leicht an und richten Sie sich nach einer gewissen Zeit wieder auf. Oder schlafen Sie ein, wenn Sie es sich gerade erlauben können. Sinnvoll sind Affirmationen, die die Heilung unterstützen, etwa „es geht mir immer besser und besser".

Die Sprache der Organe

Viele Menschen glauben, der menschliche Körper sei eine Art Maschine. Sie führen gesundheitliche Störungen auf eine Hand voll Ursachen zurück, die entweder im Verhalten des Kranken zu suchen sind (falsche Ernährung/ungesunde Lebensweise), ihren Grund im fortgeschrittenen Alter des Patienten haben (Verschleiß) oder auf äußerliche Einflüsse zurückgeführt werden können (Bakterien und Viren, Umweltschadstoffe oder Gifte). Die konventionelle Medizin verspricht, das körperliche System Mensch zu heilen – auf chemischem Wege. Ein Medikament setzt bestimmte Prozesse in Gang, die das erkrankte Organ wieder in den Ursprungszustand versetzen sollen. Wirkt das Medikament, wird der Patient meist wieder gesund. Wirkt es nicht, muß ein neues Mittel ausprobiert werden.

Neben dieser schulmedizinisch orientierten Ansicht existiert aber auch noch eine zweite Betrachtungsweise, die für die Entstehung von Krankheiten auch Ursachen im psychologischen Bereich sucht. Für die Anhänger dieser Theorie ist der Körper eine Art Spiegel oder Projektionsfläche der Seele. Es gibt demnach eine Art Organsprache, die man „übersetzen" kann. Und auch aus unserem Sprachgebrauch kennen wir die Sprüche, die der Volksmund für zahlreiche Befindlichkeitsstörungen parat hat: „Das ist mir auf den Magen geschlagen", „Mir liegt etwas am Herzen", „Es sitzt mir etwas im Nacken", „Mir ist eine Laus über die Leber gelaufen", „Es brennt mir unter den Nägeln" oder „Mich trifft der Schlag." Und so weiter, und so weiter. Man muss kein ausgewiesener Psychologe und auch kein „Esoteriker" sein, um nach einer gewissen Beobachtungszeit mit den Botschaften des Körpers vertraut zu werden.

Wahrscheinlich ist jedem schon einmal eine Situation „auf den Magen geschlagen". Man hat sich auch schon einmal Kopfschmerzen über etwas gemacht. Oder, sagen wir es mal krasser: „Schiss bekommen". Das mag man jetzt unter „nervlicher Beeinflussung der Organe" durch äußere Einflüsse abtun. Was auch korrekt ist. Was letztlich nur gesagt werden soll, ist, dass jedes Organ seine thematische Zuordnung besitzt. Warum brennt mir der Nagel? (Und nicht mein Augenlid oder mein Ohrläppchen?) Weil mein Körper mich an eine unerledigte „Hand"lung erinnern will. Warum neigen ängstliche Menschen eher zu Durchfall als mutige? (Weil sie Ballast abwerfen wollen, um besser flüchten zu können). Weshalb kriegen Personen, die lange Zeit mit unterdrückter Wut herumlaufen, eher ein Darmgeschwür als andere? (Weil sich die „nach unten gedrückte" Agression im Körper verselbstständigt). Wieso sind frische Singles nach einer gescheiterten Beziehung anfälliger für Nierenerkrankungen als der in einer Partnerschaft lebende Rest der Menschheit? (Weil die Nieren organsprachlich für Zweierbeziehungen/Verhältnisse/Abhängigkeiten stehen).

Es existieren mittlerweile zahlreiche gute Bücher, die von der „Krankheit als Weg" sprechen und die „Organsprache" entschlüsseln helfen können. Die Beschäftigung damit kann sich lohnen und führt uns im Idealfall näher zu uns selbst. An der Entstehung einer Krankheit wirken sehr oft (nicht immer) verschiedene Faktoren mit. Falsche Ernährung, eine nachlässige Lebensweise, Viren, Bakterien, Gifte, starke elektromagnetische Felder und diverse andere äußere Ursachen können krank machen. Auch unsere Gedanken und Gefühle, unsere Handlungsabsichten und unser Weltbild, unsere familiäre und soziale Prägung beeinflussen unseren Körper. Die indischen Weisen, die chinesischen Heilkundigen, die griechischen Ärzte, die meistens auch Philosophen waren, würden in diesen Punkten wahrscheinlich ebenso wenig widersprechen,

„Das ist mir auf den Magen geschlagen!"

Schon unser alltäglicher Sprachgebrauch verrät, daß unsere persönliche Gefühlslagen sich auch körperlich ausdrücken können. So ist die Ansicht kaum überraschend, daß Krankheiten – neben äußeren Ursachen – auch psychische Gründe haben können. In der „Organsprache" besitzt jedes Organ seine thematische Zuordnung. Eine intensive persönliche Beschäftigung mit dem eigenen Krankheitsbild führt im idealen Fall zum Verständnis der körperlichen Signale.

wie es heute viele Heilpraktiker, naturheilkundlich orientierte Ärzte und ganzheitlich interessierte Patienten und Naturmedizin-Anwender tun.

In den 80er Jahren haben Autoren wie Thorwald Dethlefsen und Rüdiger Dahlke diese Thematik um einen spirituellen Aspekt erweitert. Ihre Arbeiten basieren auf den Erkenntnissen der Reinkarnationstherapie. Während hypnotischer Rückführungen (die Technik wurde später verändert) berichteten Psychotherapiepatienten von Erlebnissen in „früheren" Leben. Es ließen sich Vergleiche zwischen den geschilderten Rückerinnerungen und dem aktuellen Leben ziehen: Wie ein roter Faden zogen sich individuelle Konstellationen durch die verschiedenen beschriebenen Einzelleben des Patienten und konnten somit deutliche Hinweise auf die Krankheitsursache geben.

Die Autoren entwickelten ein Konzept, das viele Antworten auf „Sinnfragen" geben konnte. Um diese Theorien zu verstehen, muß man allerdings grundsätzlich bereit sein, sich auf spirituelle Themen einzulassen. In seinem Leben durchläuft der Mensch demnach eine Art Schule: Wir müssen bestimme Lebensaufgaben immer wieder angehen, bis wir die Herausforderung bestanden haben. Das Ziel ist die Einheit mit dem Göttlichen. Wenn uns das nicht in diesem Leben gelingt, dann müssen wir die Aufgabe im nächsten Leben noch einmal in Angriff nehmen, Krankheiten sind in dieser Vorstellung Hinweise auf Fehlverhalten.

Spirituelle Dimensionen des Lebens

In den Vorstellungen einiger spirituellen Theorien sind Krankheiten ein Anzeichen dafür, dass der Mensch seiner Lebensaufgabe im Augenblick nicht gewachsen ist. Das Streben nach Vollendung und Einheit mit dem Göttlichen sind die Ziele eines Lebensweges, der jedoch nicht mit einem Leben abgeschlossen ist, sondern mehrere Leben kennt. Von den spirituellen Theorien lassen sich Parallelen zu allen Weltreligionen ziehen. Vor allem zum Gedankengut des Buddhismus besteht eine enge Verbindung.

Diese Philosophien haben enge Beziehungen zu den Urkernen sämtlicher Weltreligionen. Speziell zum Buddhismus sind die Parallelen unverkennbar. Wie es scheint, haben aber viele so genannte Geheimgesellschaften (Rosenkreuzer, Theosophen, Anthroposophen, White Eagle Lodge, Kardekianer) dieses Wissen bewahrt. Ein gemeinsamer Nenner lässt sich fast überall finden: Der Mensch hat sich von Gott abgewandt (Sündenfall) und irrt seitdem mehr oder weniger ziel- und heillos über die Erde. Tief in seinem Inneren schlummert aber etwas, das zurück will, das nach Erkenntnis und Vollendung strebt. Die Seele ist unsterblich, sie durchläuft viele veschiedene Stadien. Unser jetziges Leben ist nur eines davon. Wir alle haben die Chance zur Läuterung, wir müssen nur lernen zu sehen, zu erkennen.

Wie helfen moderne Therapien?

Schulmedizin und Phytotherapie

Immer wieder werden Medikamente aus Pflanzen im Gegensatz zur herkömmlichen Schulmedizin gesehen. Diese Behauptung ist jedoch so nicht richtig. Die Phytotherapie, so der fachsprachliche Begriff, arbeitet nach dem gleichen Prinzip wie die Schulmedizin. Der Unterschied besteht in der Herstellung der Medikamente: Bestehen pflanzliche Heilmittel nur aus natürlichen Inhaltsstoffen, so werden in der Schulmedizin auch Medikamente eingesetzt, die chemischen Ursprungs sind. Bei vielen, ursprünglichen pflanzlichen Medikamenten sind heute die chemischen Strukturen erforscht und sie können synthetisch „nachgebaut" werden. So wird der größte Teil des weltweit verbrauchten Vitamins C (Ascorbinsäure) im Chemielabor produziert. Und auch die Salicylsäure, die dem Aspirin zu seinem Siegeszug verhalf, wird nicht mehr aus Weidenrinde gewonnen.

Auch die Phytotherapie richtet sich in der Medikation nach den materiellen Inhaltstoffen der Heilpflanzen, die chemisch bestimmt und isoliert werden können. Ihre Wirkung ist abhängig von der Dosis. Durch die Isolation der Wirkstoffe in dem jeweiligen Medikament kann man diese Dosis recht gut bestimmen, denn die exakte Einnahme ist bei der „Gegenmittel-Medizin" von großer Wichtigkeit. Bei einer zu geringen Dosis

Schulmedizin gegen Naturheilverfahren?

Die vielzitierte Opposition zwischen Schulmedizin und Naturheilverfahren besteht nicht in dem grundsätzlichen Therapieansatz: Beide Methoden beruhen auf dem Prinzip, Beschwerden mit der Gabe eines entsprechenden Gegenmittels zu kurieren. Nur verwendet die Naturheilkunde fast ausschließlich Medikamente pflanzlichen Ursprungs, während in der Schulmedizin auch synthetisch hergestellte Präparate zum Einsatz kommen.

bleibt das Medikament meist wirkungslos, eine Überdosierung führt auch in der Pflanzenheilkunde zu unerwünschten Nebenwirkungen. Denn die weit verbreitete Meinung, pflanzliche Arzneimittel seien durchweg nebenwirkungsfrei, ist ein Irrtum. Eine Überdosis Fingerhut kann tödlich sein. Bei manchen Pflanzen ist es tatsächlich ein einziger Stoff, der eine medizinische Wirkung auslöst. Er wird isoliert und pharmazeutisch weiterverarbeitet. Bei den meisten Heilkräutern kommt es aber auf die Summe der Inhaltstoffe an. Ein gutes Beispiel ist das Johanniskraut: Zunächst glaubten die Wissenschaftler, der Inhaltstoff Hyperizin sei für die antidepressive Wirkung dieser Wiesenpflanze verantwortlich. Später erklärte man das Hyperforin für kompetenter, stellte dann allerdings doch fest, dass die Symbiose sämtlicher Bestandteile die eigentliche Wirkung auslöst.

Gelten in der westlichen Schulmedizin streng wissenschaftliche Maßstäbe für die Beurteilung eines Medikaments, so arbeiten die indischen, chinesischen und tibetischen Medizinsysteme nach anderen Kriterien. Es handelt sich hier um Volksheilkunde, die auf Erfahrung und Tradition basiert, wenngleich Wissenschaftler immer wieder die Wirksamkeit einzelner Rezepte bestätigen. Es existieren noch weitere Heilmethoden, die nicht zur Schulmedizin zählen, dennoch aber viele Befürworter haben. Hier eine kurze Zusammenfassung der wichtigsten.

Homöopathie

Die moderne Homöopathie wird auf Samuel Hahnemann (1755 bis 1843) zurückgeführt. Seine Arbeit basiert auf Erkenntnissen, zu denen vor ihm schon Paracelsus und Hippokrates gelangt waren: eine Krankheit kann nach dem Prinzip der Ähnlichkeit behandelt werden. Die übliche Schulmedizin (Homöopathen und Apotheker sprechen zur Abgrenzung von Allopathie) heilt mit Gegen-Mitteln. Wer unter Verstopfung leidet, braucht ein abführendes Medikament. Diese Art der Therapie richtet sich lediglich gegen das Symptom. Die Homöopathie zielt ganzheitlich auf den Menschen mit seinen individuellen Eigenschaften ab. Ein homöopathisch arbeitender Arzt oder Heilpraktiker beobachtet und befragt seine Patienten ganz genau, bevor er das Rezept ausstellt. Selbst kleine Nebensächlichkeiten wie bestimmte Vorlieben oder Abneigungen, die Augen oder Haarfarbe des Kranken können bei der Therapie eine Rolle spielen. Ein homöopathisches Medikament, das solch einer individuellen Untersuchung entspringt, nennt man Konstitutionsmittel, weil es für den Patienten genau passend ist. Mittel, die am Symptom orientiert sind, wirken nach dem Prinzip „Ähnliches mit Ähnlichem heilen" – weil die Ausgangsstoffe eben jene Symptome hervorrufen, an denen der Patient leidet.

„Ähnliches mit Ähnlichem heilen"

Dieser Leitsatz von Samuel Hahnemann begründet den im völligen Gegensatz zur Schulmedizin stehenden Therapieansatz der Homöopathie. Die Stoffe eines homöopathischen Medikaments, das der Arzt oder Heilpraktiker nach einer vorangegangenen ganzheitlichen Anamese seinem Patienten verordnet, verstärken zunächst die Krankheitssymptome. Die Homöopathie geht von der Annahme aus, daß die Gabe von potenzierten Arzneimitteln die Selbstheilungskräfte des Körpers aktiviert.

Homöopathische Arzneimittel sind verdünnt – wobei der Ausdruck „Verdünnung" eigentlich nicht richtig ist. Man spricht von „Potenzierung". Dabei wird die Urtinktur immer in Zehnerschritten mit Alkohol verschüttelt. Die Kennzeichnung dieser Medikamente erkennt man daran, dass hinter dem Substanznamen – bei Pflanzen ist dies meistens deren botanische Bezeichnung – ein einzelner Großbuchstabe (beispielsweise ein D oder C) steht. D bedeutet Dezimal. D1 bedeutet den Faktor 1:10, D2 1:100 und so weiter. Wenn man bedenkt, dass ab der D23-Potenz kein einziges Molekül des Ausgangsstoffes mehr im Behälter ist, kann man Skeptiker verstehen, die nicht glauben wollen, dass beispielsweise ein D30- oder D100-Medikament überhaupt wirken kann. Aber in der Homöopathie geht es nicht wie in der Phytotherapie um wissenschaftlich begründbare Dosierungen. Hahnemann war davon überzeugt, dass sich beim Potenzierungsvorgang die Trägersubstanz verändert. Das Stichwort heißt Information. Akzeptiert der kranke Organismus diese ihm per alkoholischem Tropfen oder Milchzuckerkügelchen überbrachte Information, werden die Selbstheilungskräfte des Körpers aktiviert. Der Patient selbst spürt dies oft durch eine so genannte Erstverschlimmerung, die als positiv zu wertendes Zeichen einer eintretenden Heilung betrachtet wird.

Bach-Blütentherapie

Auch bei dieser Methode geht es nicht um die Behandlung mit genau dosierten Wirkstoffmengen. Ähnlich wie die Homöopathie hat auch die Bach-Blütentherapie ein feinstoffliches Prinzip, auch hier wird Information übertragen. Dabei wenden sich die Tropfen des Doktor Bach weniger an den Organismus als direkt an die Seele des Kranken. Dr. Edward Bach (1886 bis 1936) war nach eigener Krankheit zu der Erkenntnis gekommen, dass der Verlust der Gesundheit ein Versuch der Seele ist, den Menschen wieder auf den richtigen Weg zu führen, von dem er abgekommen ist. Die körperlichen Symptome sind nach Bachs Auffassung Hinweise, dass etwas im seelischen Bereich nicht stimmt. Seine 38 Blütenessenzen sind auf eine entsprechende Anzahl negativer Seelenzustände ausgerichtet. Entwickelt sich die Persönlichkeit zum Positiven hin – beispielsweise durch Erkennen und Einsicht –, verschwindet auch die Krankheit. Die Blütenessenzen können diesen Prozess unterstützen, indem sie die fehlende Information liefern.

Einheit von Körper und Seele

Für Edward Bach war Krankheit ein äußerliches Zeichen dafür, daß die Seele eines Menschen aus dem Gleichgewicht gekommen ist. Die Bachblüten-Therapie kennt 38 verschiedenen Blütenessenzen, die auf eine entsprechende Anzahl negativer Seelenzustände ausgerichtet sind. Die in diesen Essenzen enthaltene Information soll den Prozess der Selbstheilung unterstützen.

Es gibt zwei Herstellungsmethoden: Werden die Mittel aus Frühlings- oder Sommerblumen gewonnen, legt man die Blüten in eine Schüssel mit Quellwasser, die man für ein paar Stunden in die Sonne stellt. Blüten von Bäumen, Sträuchern und Büschen werden in einem Email-Topf ausgekocht, das Wasser wird anschließend abgefiltert und mit Alkohol haltbar gemacht. Interessanterweise handelt es sich bei den Bachblüten in der Mehrzahl um Pflanzen, die in anderen medizinischen Richtungen nicht verwendet werden.

Anthroposophische Medizin

Das Wort Anthroposophie setzt sich aus den griechischen Begriffen „anthropos“ (Mensch) und „sophia“ (Wissenschaft) zusammen. Der Österreicher Rudolf Steiner begründete diese Philosophie, die von ihren Anhänger eine Lebensweise fordert, die von einem tiefen Verantwortungsgefühl geprägt ist. Die Anthroposophie betrachtet das Leben ganzheitlich, ein wesentlicher Aspekt ist die Medizin. Diese ist – ähnlich wie in Tibet und bei den Indianern – nicht strikt von spirituellen Erfahrungen zu trennen. Rudolf Steiner hat in den Manifestationen von Gesundheit/Krankheit stets psychologische und emotionale, spirituelle und physikalische Einflüsse erkannt. Ein wesentlicher Faktor der anthroposophischen Medizin ist die ganzheitliche Betrachtungs- und Behandlungsweise. Steiner trennte nicht zwischen Wissenschaft und Religion, für ihn sollte die Anthroposophie eine Ergänzung zu den Naturwissenschaften darstellen. Heute arbeiten nicht wenige Ärzten mit anthroposophischen Therapiemethoden.

Aromatherapie

Gerüche haben eine vielfältige Wirkung auf Körper und Geist. In der Natur kommt dem Geruch eine wichtige Funktion zu: Ein Tier erkennt am Geruch, ob etwas essbar ist oder nicht. Und wir essen normalerweise auch nur Nahrungsmittel, deren Geruch uns nicht abstößt. Angenehme Düfte haben eine positive Wirkung auf unser Befinden. In der Aromatherapie werden ätherische Öle benutzt, deren Wirksamkeit größtenteils wissenschaftlich nachgewiesen ist. Ätherische Öle sind Mixturen aus vielen verschiedenen Komponenten. Die meisten werden durch Wasserdampfdestillation gewonnen. Grundstoffe sind Blüten, Blätter, Holz oder Wurzeln. Die Aromatherapie wirkt direkt auf die Steuerzentren Hypophyse (Hirnanhangdrüse) und Hypothalamus (Abschnitt des Zwischenhirns, in dem das Zentrum des vegetativen Nervensystems sitzt). Je nach Duftstoff ist die Reaktion anregend oder beruhigend. Ähnlich wie in der Homöopathie und bei den Bach-Blütenessenzen besitzen auch die Düfte „Arzneimittelbilder", die in Bezug zum Anwender bzw. dessen Problematik gesetzt werden.

Heilung durch Düfte

In der Aromatherapie werden ätherische Öle benutzt, deren Wirksamkeit größtenteils wissenschaftlich nachgewiesen ist. Die Duftstoffe wirken direkt auf die Steuerzentren des vegetativen Nervensystems in unserem Gehirn. Ähnlich wie in der Homöopathie und bei den Bach-Blütenessenzen besitzen auch die ätherischen Öle „Arzneimittelbilder", die in Bezug zum Anwender bzw. dessen Problematik gesetzt werden.

Die Aromatherapie an sich ist nicht neu. Ein Dampfbad mit Kamillenblüten ist im Prinzip genauso Aromatherapie wie ein Fichtennadelvollbad oder ein Kräutertee. Duftlampen, die in den letzten Jahren wieder sehr in Mode gekommen sind, benutzte man schon im Altertum. Auch damals verwendete man wertvolle ätherische Öle, die in einem aufwändigen Verfahren aus den pflanzlichen Rohstoffen gewonnen wurden. Den Begriff „Aromatherapie“ prägte der französische Chemiker René Maurice Gattefosse in den 20er Jahren unseres Jahrhunderts. Der Physiotherapeut Robert Tisserand hat die diversen Anwendungsmöglichkeiten in England und den USA bekannt gemacht. Nachdem der Arzt Jean Valnet in Vietnam mehrfach Wundbrände nach Operationen durch den Einsatz ätherischer Öle mit keimtötender Wirkung verhindern konnte, erlangte die Aromatherapie auch in Frankreich einen hohen Stellenwert. In der dortigen Gesellschaft für Phyto-Aromatherapie sind mehr als 1500 Ärzte und Apotheker organisiert. In Deutschland stieg das Interesse an dieser Behandlungsmethode nach dem Erscheinen von Patrick Süskinds Duftroman „Das Parfüm“ deutlich an.

Die Wirkung von Kräutern und Gewürzen

Die Wirkstoffe in Heilkräutern

Fünf Wirkstoffgruppen (Ätherische Öle, Alkaloide, Bitterstoffe, Gerbstoffe und Glykoside) spielen in Bezug auf die heilenden Kräfte von Pflanzen die Hauptrolle. Hinzu kommen noch zahlreiche weitere Stoffe wie Vitamine, Hormone, Farbstoffe, die zur symbiotischen Wirkung einer Heilpflanze beitragen.

Ätherische Öle bilden sich in Öldrüsen, Schuppen und Sekretbehältern. Sie sind eigentlich Gemische aus verschiedenen wasserunlöslichen Wirkstoffen. In der Luft verflüchtigen sie sich; dabei duften sie recht stark. Die ätherischen Öle haben je nach Pflanze verschiedene medizinische Eigenschaften. Einige wirken beruhigend (Baldrian), andere anregend (Pfefferminze), manche sind fäulnis- und gärungshemmend (Kalmus, Kümmel) oder antibakteriell (Thymian). Es gibt ätherische Öle, die die Haut reizen und Entzündungen hervorrufen können (Rettich, Senf); andere wirken entzündungshemmend (Kamille).

Alkaloide sind stickstoffhaltige und organische Pflanzenbasen mit einem recht komplizierten Aufbau. Fast alle wirken sie auf das zentrale Nervensystem. Alkaloide gehören zu den wichtigsten Stoffen in der Pflanzenheilkunde. Während einige eine direkte positive Heilwirkung besitzen, zählen andere zu den Rauschgiften (zum Beispiel Schlafmohn) oder sind hochgiftig (Tollkirsche).

Bitterstoffe sind unterschiedlich in ihrer chemischen Struktur, der gemeinsamer Nenner ist der bittere Geschmack. Seit der Antike werden sie zur Appetitanregung und Verdauungsförderung eingesetzt. Im Altertum sprach man grundsätzlich allen bitter schmeckenden Pflanzen eine heilende Wirkung zu.

Sehr viele Heilpflanzen enthalten Gerbstoffe. Sie wandeln Eiweiße in schwer lösliche Formen um, ebenso diverse Glykoside und Alkaloide. Ihre Einsatzbereiche gehen von Erfrierungen bis zur starken Schweißabsonderung. Das Wissen um die Wirkungen der verschiedenen Gerbstoffarten ist besonders wichtig bei Tee-Kombinationen aus mehreren Pflanzen. Bei nicht vorschriftsmäßiger Mischung können die Gerbstoffe andere Stoffe binden und die gewünschte Wirkung verhindern.

Heilkräuter – Hilfe durch einzigartige Wirkstoffkombinationen

Bei pflanzlichen Mitteln ist es meist nicht nur ein isolierter Wirkstoff, der die gewünschte positive körperliche Reaktion auslöst, sondern die symbiotische Beziehung der enthaltenen Bestandteile. Fünf Wirkstoffgruppen (Ätherische Öle, Alkaloide, Bitterstoffe, Gerbstoffe und Glykoside) spielen im Bezug auf die heilenden Kräfte von Pflanzen die Hauptrolle. Aber auch andere Stoffe wie Vitamine, Hormone oder Farbstoffe, die in Heilpflanzen enthalten sind, haben eine nicht zu unterschätzende Funktion.

Glykoside sind Verbindungen, deren Aufgabe innerhalb der Pflanze die Speicherung von Zucker ist. Manche Glykoside haben eine heilende Funktion, andere sind giftig. Bei Pflanzen, die stark glykosidhaltig sind, sollte man in der Selbstbehandlung vorsichtig sein.

Von der Heilkraft der Gewürze

Wir alle benutzen Gewürze, um unsere Mahlzeiten „aufzupeppen" („Pep" kommt von Pfeffer). Es gibt wohl kaum eine Hausfrau oder einen kochbegeisterten Mann ohne entsprechend sortiertes Gewürzregal. Salz und Pfeffer, Kümmel, Zimt, Thymian, Rosmarin ... – sie alle sind für uns selbstverständliche unverzichtbare Zutaten für ein schmackhaftes Gericht. Aber Gewürze haben noch einen weiteren Effekt: Sie fördern unsere Gesundheit. Das Wissen um die heilenden Kräfte von Gewürzen ist allerdings in den vergangenen Jahrzehnten und Jahrhunderten kaum beachtet worden. Erst in letzter Zeit zeichnet sich, wohl auch bedingt durch die wachsende Popularität des Ayurveda, eine deutliche Trendwende ab: Heilen mit Gewürzen wird sicher bald (wieder) ein selbstverständlicher Teil der Naturmedizin sein.

Im Verhältnis zu unserer restlichen Nahrung ist der Anteil der Gewürze verschwindend gering. Und trotzdem: Ihr

Gewürze in der Steinzeit

Vermutlich haben schon die Steinzeitmenschen ihr Fleisch mit Gewürzen zubereitet. Die urzeitlichen Jäger und Sammler besaßen ein umfassendes Wissen über die Natur und vor allem über die Pflanzenwelt. Ihre Kenntnisse beruhten auf Beobachtung und Erfahrung. Schamanen und Medizinmänner, Kräuterhexen und weise Frauen waren die „Naturforscher" unserer Vorfahren. Sie hatten im Laufe der langen Entwicklungsgeschichte der Menschheit die heilende Wirkung der Kräuter erkannt.

Einfluss auf das energetische Geschehen im menschlichen Körper ist nicht zu unterschätzen. Dabei geht es nicht um Quantität, sondern um Qualität. Betrachten wir einmal die Gewürze nicht als Träger besonderer biologischer Inhaltsstoffe, sondern als Essenz der Pflanze: Gewürze tragen auf eine ganz lebendige Art und Weise Energie in sich und setzen sie im menschlichen Körper frei. Dass schon kleine Mengen eines bestimmten Stoffes Impulse setzen können, beweist uns seit über 200 Jahren die Homöopathie. Die verwendeten Potenzierungen gehen nicht selten so weit, dass kein einziges Molekül des Ausgangsstoffes mehr in dem homöopathischen Präparat vorhanden ist. Dennoch sind die Heilerfolge bei dieser Behandlungsweise unbestreitbar. Bedenkt man, dass verschiedene Gewürze auch unterschiedliche spezifische Funktionen innerhalb organischer Abläufe haben, erkennt man den Wert dieser Zutaten für unsere Gesundheit.

Die einzelnen Gewürze haben unterschiedliche Wirkungen auf körperliche Abläufe und auf spezielle Organe. Zum Beispiel regen die Scharfstoffe des Ingwers die Speichelproduktion an. Der Prozess der Nahrungsverwertung beginnt schon im Mund, im Speichel finden sich bestimmte Stoffe (Fermente), die für die Verdauung von äußerster Wichtigkeit sind. An den weiteren Stationen Magen

Heilende Gewürze: Wenig nützt viel

Die Heilkraft der Gewürze kann nicht an der geringen Menge gemessen werden, die man üblicherweise zu sich nimmt. Schon eine kleine Menge eines bestimmten Stoffes kann ein energetisches Geschehen im menschlichen Körper in Gang setzen. Gewürze tragen (als Essenz der Pflanze) auf eine ganz lebendige Art und Weise Energie in sich und setzen sie im menschlichen Körper frei. Die Wirkung entfaltet sich ähnlich der homöopathischer Arnzeimittel.

und Darm regen die Ingwerstoffe die Verdauungssäfte an, übermäßige Magensäure wird gebunden. Kurzum: Die gesamte Verdauung wird mit Hilfe dieses einen Gewürzes sehr positiv beeinflusst. Anis wirkt nicht nur verdauungsfördernd, sondern auch gegen stressbedingte Müdigkeit. Chili ist gut bei Kreislaufschwäche. Gewürznelken haben entzündungshemmende Eigenschaften. Koriander kann bei Migräne eingesetzt werden. Vanille, so heißt es, könne sogar einer Verbreitung von Pilzen im Körper entgegenwirken. Und Zimt unterstützt die rhythmischen Funktionen des Organismus – vom Herzschlag bis zur Atmung.

Der Reiz der Gewürze führt über den Geschmackssinn. Zusammen mit dem Geruchssinn ist er der wohl ursprünglichste in der menschlichen Entwicklung. Geschmacks- und Geruchssinn sind nicht voneinander zu trennen, sie ergänzen sich. Beim Essen riechen und schmecken wir gleichzeitig. Lösen Geruch und Geschmack Wohlgefühle in uns aus, wird eine Mahlzeit zum sinnlichen Erlebnis.

Riechen und Schmecken

Für unsere urzeitlichen Vorfahren waren diese Fähigkeiten des Mundes und der Nase oft überlebenswichtig. Sie dienten ihnen als Hinweise zur Orientierung bei der Nahrungssuche. Die Natur signalisiert mit angenehmen Düften: „Nimm mich, ich bin gut für dich!" Schlechter Geruch stößt ab. Und schmeckt etwas ungenießbar, ist es meist nicht als Nahrungsmittel für den Menschen geeignet.

Ein paar kleine Beispiele führen die Wirkung von Geruchs- und Geschmackssinn vor Augen: Denken Sie einmal an den letzten Urlaub. Lassen Sie die Bilder, die tief in Ihrem Innersten gespeichert sind, wieder aufsteigen. Sehen Sie sich an Ihrem Lieblingsort, am Strand, in den Bergen, im Wald, in dem kleinen Restaurant – Sie haben die freie Auswahl. Der leichte Wind trägt das unverwechselbare Aroma dieses Platzes direkt zu Ihnen, Sie brauchen es nur einzuatmen. Und jetzt beobachten Sie einmal Ihre Reaktion. Wird da nicht eine Kettenreaktion in Gang gesetzt? Ihr inneres „Fotoalbum“ hat alles gespeichert, Sie können die Bilder jederzeit abrufen. Und gleichzeitig werden Sie in eine angenehme Stimmung versetzt, wenn Sie sich erinnern ... Denken Sie sich in Ihr Urlaubs-Lieblingsrestaurant. Der freundliche Kellner bringt Ihnen gerade das, was Sie am allerliebsten essen. Der Anblick und der Duft des Gerichtes erwecken eine wunderbare Vorfreude, Ihnen läuft das Wasser im Mund zusammen ... Jeder von uns hat viele dieser Bildarchive tief in der Erinnerung gespeichert, durch bestimmte

Schlüsselreize gelangen sie wieder an die Oberfläche unseres Bewußtseins. Diese Vorgänge können bewußt gesteuert werden, aber manche Bilder drängen sich uns auch auf, die wir lieber aus unserem Gedächtnis gelöscht hätten. Was geschieht, wenn Sie das Parfum (Rasierwasser) eines geliebten Menschen riechen? Was, wenn Sie nach vielen Jahren noch einmal ihre alte Schule betreten und es dort immer noch nach Bohnerwachs, Holz und Kinderturnschuhen riecht? Wenn wir uns klarmachen, wie vielfältig die Funktionen von Geruch und Geschmack sind, unterschätzen wir die Rolle der Gewürze nicht mehr, die sie – neben ihrer unmittelbaren Wirkung auf unseren Körper – für unsere Emotionen haben.

Ingwer – anerkanntes Heilmittel

Der Ingwer ist fast auf der ganzen Welt als wirksames Naturheilmittel anerkannt. In Deutschland hat die Kommission E des ehemaligen Bundesgesundheitsamtes (heute Bundesamt für Arzneimittel) im Jahr 1988 eine so genannte Positiv-Monografie zu Ingwer herausgegeben. Diese Monografie verleiht einer Heilpflanze die wissenschaftliche Anerkennung als medizinisch sinnvolles Therapeutikum. Speziell Ärzte achten beim Ausstellen von Rezepten darauf, dass für pflanzliche Heilmittel eine Monografie vorhanden ist. In dieser amtlichen Beschreibung wird genau festgelegt, gegen welche Krankheiten bzw. Beschwerden die Pflanze eingesetzt werden kann und wie viel Drogenextrakt als therapeutisch sinnvoll angesehen wird. Der Monografie liegen immer zahlreiche wissenschaftliche Fachstudien zu Grunde, auf die man sich bei der Entscheidung stützt. Das bedeutet, dass die medizinische Wirksamkeit einer Heilpflanze eindeutig belegt sein muß, um eine Monographie zu erhalten.

In der wissenschaftlichen Fachliteratur werden dem Ingwer insgesamt 22 pharmakologische Eigenschaften attestiert. Sie werden in erster Linie auf die in der Wurzelknolle enthaltenen Scharfstoffe zurückgeführt. Die pharmakologischen Wirkungen des Ingwers sind im einzelnen:

- antiemetisch (vor Erbrechen schützend)
- antithrombotisch
- antihepatoxisch (die Leber schützend)
- antibakteriell
- antihelmintisch (gegen Würmer)
- antimutagen (das Erbgut schützend)
- antikanzerogen

- antioxidativ
- antiphlogistisch (entzündungswidrig)
- antitussiv (gegen Husten)
- analgetisch (schmerzlindernd)
- kardiotonisch (herzstärkend)
- fungizid (gegen Pilze)
- immunstimulierend
- karminativ (gegen Blähungen)
- diuretisch (entwässernd)
- durchblutungsfördernd
- stimulierend
- Steigerung der Speichel und Magensaftsekretion
- Steigerung von Tonus (Spannung) und Peristaltik (Bewegung) des Darms
- Steigerung der Gallensaftsekretion
- Senkung des Cholesterinspiegels

Der Vorteil pflanzlicher Arzneimittel liegt in erster Linie in ihrem geringen Nebenwirkungspotenzial. Zwar gibt es auch Heilpflanzen, die durchaus ein gesundheitliches Risiko für den Anwender in sich bergen können, im allgemeinen ist die Gefahr von (ernsthaften) Nebenwirkungen bei der Einnahme von chemischen Medikamenten höher. Der Ingwer gehört zu den risikofreien Pflanzendrogen, wie zahlreiche wissenschaftliche Tests bestätigt haben. So hat man an Krebszellen von Menschen und Mäusen Antitumor-Effekte nachgewiesen, als man die Karzinogenese (Krebs auslösende Wirkung) von Ingwer untersuchte. Der Ingwer hat daher eher eine schützende Funktion. Lediglich isolierte Inhaltsstoffe, darunter Gingerole und Gingerdione, zeigten in sehr hohen Dosen bei Ratten zellschädigende Eigenschaften. Im Zusammenspiel aller Inhaltstoffe überwiegt jedoch der gesundheitsfördernde und heilende Effekt.

Rein theoretisch gibt es keinen Stoff, gegen den ein Mensch nicht allergisch sein kann. Es kann daher in seltenen Fällen vorkommen, dass sehr hautempfindli-

Ingwer als anerkanntes Heilmittel

Seit 1988 existiert eine so genannte Positiv-Monografie zu Ingwer, die einer Heilpflanze die wissenschaftliche Anerkennung als medizinisch sinnvolles Therapeutikum verleiht. In dieser amtlichen Beschreibung wird auch genau festgelegt, gegen welche Krankheiten bzw. Beschwerden die Pflanze eingesetzt werden kann und wie viel Drogenextrakt als therapeutisch sinnvoll angesehen wird. Dem Ingwer werden insgesamt 22 pharmakologische Eigenschaften attestiert. Sie werden in erster Linie auf die in der Wurzelknolle enthaltenen Scharfstoffe zurückgeführt.

che Leute auf eine Massage mit Ingweröl mit Reizungen reagieren, wenn es nicht mit pflanzlichen Ölen vermischt worden ist (empfohlenes Mischverhältnis 1:10). Die Scharfstoffe Gingerol und Shogaol sind dafür verantwortlich, da sie die Durchblutung fördern. Wer Gallensteine hat, sollte vor einer intensiven Einnahme von Ingwer-Präparaten einen Arzt befragen, denn der Gallenfluss wird dabei angeregt. Ebenfalls den Rat eines Arztes sollten auch Patienten einholen, die Medikamente gegen die Verklumpung von Blutplättchen einnehmen (z.B. ASS); Mittel, die in der Medizin verhindern sollen, dass Patienten sich übergeben (wie Dimenhydrinat), wirken auf das zentrale Nervensystem (ZNS) und haben zum Teil sehr heftige Nebenwirkungen (diese können von Magen-Darm-Störungen und Mundtrockenheit bis zu Bewegungs- und Sehstörungen reichen). Ingwer hat keine dieser unerwünschten Begleiterscheinungen. Unangenehme Wechselwirkungen mit Arzneimitteln, die man beispielsweise zur Linderung von Flugangst einnimmt, sind beim Ingwer nicht zu erwarten, da er direkt auf den Verdauungstrakt und nicht auf das ZNS wirkt. Von einer Beeinträchtigung der Fahrtüchtigkeit ist nichts bekannt. Die Empfehlung, dass Schwangere, Stillende und Kinder unter sechs Jahren Ingwerpräprate nur nach ärztlicher Rücksprache einnehmen sollten, ist rein vorsorglicher Natur. In Asien ist Ingwer ein tägliches Nahrungs- und Würzmittel, das dort auch von Schwangeren und kleinen Kindern gegessen wird.

Ingwer – ein Heilmittel ohne Risiko

Ingwer gehört – wie die meisten Naturheilmittel – zu den risikolosen Pflanzendrogen. Allerdings sollten Menschen mit Gallensteinen, Patienten, die Medikamente gegen die Verklumpung von Blutplättchen einnehmen, Schwangere, Stillende und Kinder unter 6 Jahren vor einer intensiven Einnahme von Ingwer-Präparaten den Rat ihres Arztes einholen.

Ingwerpräparate aus der Apotheke

Im Vergleich zu anderen Heilpflanzen führt der Ingwer als industriell hergestellte Medizin ein Außenseiterdasein. Die Produzenten von Phytopharmaka verwenden vorwiegend die herkömmlichen Kräuter wie Johanniskraut, Baldrian, Ginkgo oder Efeu. Deren Wirksamkeit hat sich in vielen Jahren bestätigt, jede wissenschaftliche Studie und Anwendungsbeobachtung erbrachte zuverlässig positive Ergebnisse. Für die Ärzte bedeutet dies, dass sie mit solchen Präparaten sicher sein können, ein wirksames Medikament zu verschreiben. Der Ingwer hat diesen Status nicht erreichen können, weil er für einige Zeit aus dem Bewusstsein der westlichen Welt verschwunden war. In England und Asien ist dies anders. Eine Anfrage bei einem großen Naturheilmittelhersteller erbrachte dennoch, dass Ärzte, Heilpraktiker und Patienten auch bei uns immer öfter nach Ingwerpräparaten fragen. Schon vor einiger Zeit wurde versucht, ein derartiges Monopräparat (d.h. mit nur einem einzigen Wirkstoff) zu entwickeln. Doch scheiterte dieses Vorhaben an den Kosten, zumal es in Deutschland lange Zeit dauert, ehe solch ein Medikament nach Prüfung durch sämtliche Amtsinstanzen auf den Markt gebracht werden kann.

Es gibt im Vergleich zu anderen Wirkstoffen nicht sehr viele Produkte, die Ingwer enthalten. In erster Linie sind sie in der Apotheke zur Selbstmedikation erhältlich. Hauptsächlich werden sie gegen Reiseübelkeit angewendet. Diese Indikation ist die in Apotheker- und Medizinerkreisen bekannteste. Das liegt an mehreren wissenschaftlichen Experimenten, die man mit Ingwerpulver gemacht hat. Bei einem Versuch wurden drei Dutzend Studenten, die alle eine große Anfälligkeit für Reisekrankheit hatten, in drei Gruppen aufgeteilt. Gruppe eins erhielt Kapseln mit Ingwerpulver, die Mitglieder von Gruppe zwei bekamen ein Antihistaminikum (es verhindert die Bildung von Histamin im Körper; Histamin ist ein Hormon, das u. a. dafür sorgt, dass sich die Muskulatur zusammenzieht). Gruppe drei schließlich gab man ein Placebo. Eine halbe Stunde später setzte man alle Testpersonen mit verbundenen Augen auf Drehstühle, die, von einem Motor angetrieben, sechs Minuten kreisten. Die Placeboschlucker mussten schon nach kurzer Zeit das Experiment beenden. Die Mitglieder der Gruppe zwei verlangten durchschnittlich nach drei Minuten nach der Schüssel, während der mit Ingwer versorgte übrige Probandenteil die sechs Minuten durchhielt. Unwohlsein hielt sich bei ihnen in Grenzen.

Ingwer aus der Apotheke

Ingwer-Präparate werden meistens gegen Reiseübelkeit empfohlen. Aber auch einige Kombinationsmittel gegen Verdauungsbeschwerden enthalten Ingwer. Unter dem Handelsnamen Zintona ist pulverisierter Ingwer in Kapselform in der Apotheke erhältlich. Anwendungsgebiete sind Schwindelgefühl, Übelkeit und Erbrechen.

Hin und wieder findet sich Ingwer auch als Bestandteil von Kombinationsmitteln, die gegen Verdauungsbeschwerden eingenommen werden. Zusammen mit Acidophilusmilchpulver (enthält Stoffwechselprodukte von Milchsäurebakterien, die einen günstigen Einfluss auf die Darmflora haben), gemahlenen Wacholderbeeren (gegen Fäulniszustände) und getrockneter medizinischer Hefe (regeneriert mit Vitaminen der B-Gruppe und essenziellen Aminosäuren die Flora des Darms) ist der Ingwer ein sehr wirksames Medikament gegen Durchfall und Darmentzündung (Imbak). Unter dem Handelsnamen Zintona ist pulverisierter Ingwer in Kapselform in der Apotheke erhältlich. Anwendungsgebiete sind Schwindelgefühl, Übelkeit und Erbrechen. Für die pharmazeutische Verarbeitung wird hauptsächlich ungebleichter Ingwer aus Jamaika benutzt. Das verwendete Pulver ist bräunlich oder gelblich grau, riecht aromatisch, ein wenig nach Holz und Erde. Der Geschmack ist würzig scharf.

Ingwerarznei selbst gemacht

Ingwerarznei zu Hause selbst herstellen ist recht einfach. Die Rohstoffe sind überall erhältlich und man braucht keinerlei pharmazeutische Kenntnisse. Werden Sie also Ihr eigener Apotheker und produzieren Sie Ihre eigene Ingwermedizin! Hier ein paar Rezepte:

Ingwertee I

1 g frischer Ingwer
½ Zitrone
1 Tasse heißes Wasser
Honig nach Belieben

Den Ingwer schälen und in die Tasse reiben, den Saft der halben Zitrone zufügen, mit heißem Wasser übergießen, mit Honig nach Belieben süßen.

Ingwertee II

1 TL Ingwerpulver
1 Tasse heißes Wasser

Den Ingwer mit einer Tassenfüllung heißem Wasser übergießen und 10 Minuten abgedeckt ziehen lassen. Durch ein Sieb schütten und vor dem Essen trinken. Hilft bei Verdauungsbeschwerden.

Ingwertee III

1 EL frischer Ingwer
$^{1}/_{2}$ l Wasser
$^{1}/_{8}$ l Milch
Honig nach Belieben

Den geschälten und geraspelten Ingwer in das kalte Wasser geben, aufkochen und etwa 5 Minuten köcheln lassen. Die Milch dazugeben und nach Bedarf süßen. Das Ganze noch einmal aufkochen lassen.

Ingwertee IV

1 EL klein geschnittener, frischer Ingwer
$^{1}/_{8}$ l Wasser
Zucker oder Honig nach Belieben

Ingwer in Wasser erhitzen, 25 Minuten köcheln lassen, abseihen und nach Belieben süßen.

Ingwertee V

1 TL klein geschnittener, frischer Ingwer
1 TL schwarzer Tee
1 Zitronenscheibe
$^{1}/_{4}$ l Wasser

Ingwer und Schwarztee mit kochendem Wasser aufbrühen, 5 Minuten ziehen lassen, Zitrone und Honig nach Belieben zugeben. Kann auch kalt getrunken werden.

Ingwertee VI

1 Stück getrockneter Ingwer
3 Körner schwarzer Pfeffer
3 EL Verbene (Blätter des Zitronenstrauchs)
$^{1}/_{2}$ l Wasser
Milch oder Honig nach Belieben

Das Ingwerstück im Mörser zerquetschen und die Pfefferkörner zerstoßen. Gemeinsam mit den Verbene-Blättern in eine Kanne geben und mit kochendem Wasser aufbrühen, 10 Minuten ziehen lassen, dann abseihen. Nach Belieben mit Milch oder Honig abrunden.

Ingwertee VII (Yogi-Tee)

1 TL frisch geriebener Ingwer
1/2 Zimtstange
4 Gewürznelken
2 Kardamomschoten
4 Tassen Wasser
1/4 Tasse Milch
1 EL Honig

Alle Zutaten zusammen aufkochen und solange köcheln lassen, bis die Hälfte der Flüssigkeit verdampft ist. Dann die Milch dazugeben und etwas Honig einrühren.

Ingwerpunsch

2 Stücke frischer Ingwer à 35 g
1 Stange Zimt
1 TL Kardamom
4 Gewürznelken
1 l Wasser

Alles gemeinsam zum Kochen bringen und 30 Minuten sieden lassen, dann abseihen.

Ingwerabsud

50 g frischer, klein geschnittener Ingwer
1 l Wasser

Den Ingwer im Wasser abgedeckt 45 Minuten kochen lassen. Eignet sich für Bäder, Umschläge und Auflagen.

Ingweröl

1 Stück Ingwer (50 g)
1/2 Tasse Oliven- oder Sesamöl

Den Ingwer in einer Knoblauchpresse auspressen. Die Flüssigkeit mit dem Öl mischen. Eignet sich für Einreibungen, Bäder und Massagen.

Ingwersirup

50 g klein geschnittener, frischer Ingwer
1/2 l Wasser
100 g Rohrzucker
Zitronensaft

Den Ingwer 30 Minuten im Wasser köcheln lassen und den Zucker hinzugeben, ein wenig eindicken lassen. Zitronensaft nach Belieben zugeben. In eine gut verschließbare Flasche geben. Ingwersirup eignet sich als Zutat zu Süßspeisen und Cocktails.

Ingwerweinbrand

1 Stück frischer Ingwer
Weinbrand

Den Ingwer auspressen und die gewonnene Flüssigkeit mit der doppelten Menge Weinbrand mischen, in einem Fläschchen aufbewahren. Mit Tee oder Wasser bei Erkältung einnehmen.

Ingwerpaste

Frischer Ingwer nach Bedarf
Wasser

Den geschälten Ingwer in Stücke schneiden, in den Mixer geben, so viel Wasser beimischen, dass eine streichfähige Paste entsteht. Frisch verwendet eignet sich die Ingwerpaste für Kompressen und Umschläge.

Ingweressig

100 g frischer, klein geschnittener Ingwer
1/8 l Essigessenz
1/2 l Wasser

Den Ingwer mit der Essigessenz und dem Wasser ansetzen, ein paar Tage ziehen lassen, dann abseihen. In einer gut verschließbaren Flasche aufbewahren. Zum Gurgeln mit Wasser mischen.

Ingwertinktur

1 Stück frischer, klein geschnittener Ingwer
Die doppelte Menge hochprozentiger Alkohol

Den Ingwer in einem verschlossenen Gefäß mit dem Alkohol ansetzen. Nach dem Abgießen in einer Glasflasche aufbewahren. Zur verdünnten Einnahme sowie zum Gurgeln, für Kompressen und Umschläge.

Ingwer-Abführmittel

0,15 ml Ingwer-Tinktur
0,5 g Natriumkarbonat
0,03 ml Pfefferminzöl
0,6 ml Rhabarberwurzelaufguss
0,5 ml Enzianaufguss

In England ist wird dieses Abführmittel von den Apothekern nach einem Rezept aus dem Arzneimittelbuch hergestellt. Die Pfefferminze wirkt krampflösend, der Enzian regt den Appetit an. Während die Rhabarberwurzel für die gewünschte Abführung sorgt, schützt der Ingwer vor Übelkeit.

Heilen mit Ingwer

Unterstützung für Magen und Darm

Ingwer als Medizin – das zielt in erster Linie direkt auf den Verdauungstrakt. Seit dem Altertum wird der Knollenextrakt bei bei Durchfall und Verstopfung und sämtlichen allgemeinen Formen von Verdauungsstörungen eingesetzt.

Magen und Darm sind nicht alleine an der Verdauung beteiligt. Wird die Nahrung gekaut und im Mund mit Speichel vermischt, beginnt bereits die Zerlegung in Kohlenhydrate, Eiweiße und Fette. Die Scharfstoffe im Ingwer treten schon im Mund in Aktion: Gingerole und Shoagole wirken direkt auf bestimmte Rezeptoren (dabei handelt es sich um „Empfangsstationen"), die im Mund und Magen für die Bildung von Speichel bzw. Magensaft sorgen. In diesen Flüssigkeiten sind bereits Enzyme zum Zerlegen der Nahrung enthalten. Die Rezeptoren regen gleichzeitig auch eine bessere Durchblutung der Magenschleimhaut an, was ebenfalls die Verdauung fördert. Im Magen wird das Kleingekaute mit Magensaft durchmischt, der aus Salzsäure und Enzymen besteht. Die Magenmuskulatur schiebt den Nahrungsbrei dann zum Magenausgang weiter, von wo er in kleinen Portionen in den Dünndarm abwandert. Dort gelangen weitere Verdauungssäfte aus Gallenblase und Pankreas (Bauchspeicheldrüse) in den Nahrungsbrei, um ihn in weitere, für den Organismus wichtige Stoffe zu zerlegen (Vitamine, Mineralien, Fett und Aminosäuren, Zucker, Wasser). Die zerlegten Stoffe werden dann von der Darmschleimhaut aufgenommen und in den Körper weitergeleitet.

Die Ingwer-Inhaltsstoffe haben eine zweifache Wirkung auf die Verdauungsorgane: zum einen regen sie diese Organe an, andererseits wirken sich gleichzeitig beruhigend auf den Verdauungstrakt. Die Arbeit der Muskeln wird sanft gesteigert – dadurch kommt es zu einer Linderung von Verstopfungen, Krämpfen und Blähungen. Zur Verbesserung der Verdauung trägt auch die erhöhte Gallensaftsekretion (erleichtert die Fettverdauung) bei. Dass der Ingwer das Wachstum von Bakterien verringern kann, haben Labortests inzwischen einwandfrei bewiesen. Man darf die Wirkung allerdings nicht mit Antibiotika vergleichen, dazu ist sie zu gering. Der positive Effekt auf den menschlichen Organismus zeigt hauptsächlich im Darm: Blähungsauslösende Dickdarmbakterien, die sich von nicht verdauten Kohlenhydraten ernähren, werden in ihrem Wachstum gehemmt.

Vielfältige Hilfe für unseren Bauch

Der Ingwer hilft uns auf zweierlei Weise. Er kurbelt die Verdauung an (im Magen-Darm-Trakt), wirkt aber auch gleichzeitig auf den Magen beruhigend. Krämpfen und Verstopfung wird durch eine Steigerung dieser Aktivität entgegengewirkt.

Durch einen regulierenden Einfluss auf das allgemeine Gleichgewicht der Darmbakterien können Blähungen verhindert werden.

Die Inhaltsstoffe des Ingwers schützen auch vor chronischen Magenbeschwerden. Die wissenschaftliche Fachliteratur weist mehrfach auf eine vorbeugende Wirkung in Sachen Magenschleimhautentzündung hin. Im Magen werden Verdauungssäfte produziert, die Salzsäure enthalten. Der Vagus, ein Nerv des vegetativen Nervensystems, steuert diesen Vorgang. Bei einer Störung kann der Magen in zwei Richtungen reagieren: Entweder er produziert zu viel Säure oder zu wenig. Bei einem Säuremangel wird die Nahrung nur ungenügend verdaut. Im zweiten Fall kommt es zu einer Übersäuerung (Hyperazidität). Die Symptome einer Hyperazidität sind Sodbrennen, Aufstoßen und Blähungen. Bei immer wiederkehrender Übersäuerung wird die Magenschleimhaut geschädigt. Es kann passieren, dass die überschüssige Säure die Schleimhaut verätzt und Wunden entstehen. Man spricht dann von einem Magengeschwür. Zur Regulierung dieser Beschwerden kann ein regelmäßiger Ingwerkonsum beitragen.

Ingwer bei Kindern – Vorbereitung auf ein gesundes Leben

Gesunde Ernährung und naturnahe Lebensweise sind keine Garanten für ein beschwerdefreies Leben, aber eine Möglichkeit den Körper von außen zu stärken. Gerade Kinder benötigen viele Vitamine und Mineralien. Und sie brauchen Nahrungsmittel, die für eine gesunde und störungsfreie Verdauung sorgen. Denn gerade der kleine Kinderbauch ist sehr anfällig. Ingwer kann hier große Dienste leisten – als regulierendes Nahrungsmittel wie auch als Medizin

Viele Menschen mit Magen- und Darmproblemen sind äußerst anlehnungs- und liebebedürftig. Auf ihre Mitmenschen wirken sie allerdings eher ruhig. Ständig unterdrückter Ärger ist ein Faktor, der solch eine Entwicklung begünstigen kann. „Er hat Wut im Bauch", „Ich bin sauer", „Ihr geht die Galle über", „Das ist mir auf den Magen geschlagen" – der Volksmund trifft mit seinen uns allen bekannten Standardsätzen den Kern. Wenn Sie selbst chronische Magenbeschwerden haben, stellen Sie sich doch einmal ein paar Fragen:

Abnehmen mit Ingwer?

Wenn Ingwer als Komponente in fertigen Schlankheitsmitteln auftaucht (beispielsweise mit enzymhaltigen Pflanzen wie Ananas oder Papaya), dann ist dies sicherlich mit einem positiven Effekt für die Gesundheit verbunden. Die Kombination mit Enzymen trägt zur besseren Verdauung der Nahrung bei. Gewicht oder Körperumfang verliert man dadurch allerdings nicht.

- Gibt es in meinem Leben etwas, das ich nicht schlucken will oder kann?
- Fresse ich alles in mich hinein?
- Bin ich sauer? Wenn ja, worüber?
- Vermeide ich Konflikte?
- Wie gehe ich mit Gefühlen und Aggressionen um?
- Sehne ich mich nach einem Leben, in dem ich nur geliebt und versorgt werde?

Vielleicht hilft Ihnen die Auseinandersetzung mit diesen Fragen ein wenig weiter bei der Lösung Ihrer Verdauungs- und Magenprobleme, vor allem wenn Sie dazu noch regelmäßig Ingwer(-präparate) zu sich nehmen.

Exkurs: Ingwer im Alter

Gesunde Ernährung sowie eine neben- und wechselwirkungsfreie Medizin sind gerade im Alter von großer Bedeutung. Auch wenn sie immer gut „gepflegt" worden sind, verlieren die menschlichen Organe im fortgeschrittenen Alter ihre optimale Funktionsfähigkeit. Dennoch kann man mit Hilfe der Natur regulierend auf den Organismus einzuwirken. Ingwer ist für alte Menschen ideal. Als Nahrungsmittel übt er einen positiven Einfluss auf die Verdauung, den Kreislauf, das Immunsystem, die Muskulatur und den gesamten Stoffwechsel aus. Als Medikament bekämpft er Übelkeit und vor allem Schwindelgefühle, die im Alter recht häufig auftreten können. Besonders wichtig ist bei älteren Menschen, die meist regelmäßig Medikamente einnehmen müssen, dass der Ingwer keine Wechselwirkungen mit anderen Mitteln hervorruft.

Bei nicht wenigen Menschen nehmen die Funktionen von Gallenblase und Leber mit dem Fortschreiten der Lebensjahre ab. Das hat zur Folge, dass die Verdauung von tierischem Fett Probleme bereiten kann. Gallenflüssigkeit wird in der Leber gebildet. Von dort wird sie in den Zwölffingerdarm abgegeben. Die Gallensäure sorgt dafür, dass Fette in der Nahrung zu kleinen Tröpfchen umgewandelt werden, die dann von Enzymen zerlegt werden und über die Darmschleimhaut in den Organismus übergehen. Die Scharfstoffe im Ingwer, hauptsächlich das 6-Gingerol, helfen bei der Fettverdauung, indem sie die Gallensaftproduktion ankurbeln. Diese Förderung der Verdauungssäfte hat gerade bei älteren Menschen einen sehr positiven Effekt. Viele Senioren glauben, dass sie exotische Gewürze nicht vertragen („zu scharf!"). Aber vor allem für ältere Semester ist der Ingwer das Richtige, da in der Nachkriegsgeneration der Fleischkonsum erfahrungsgemäß relativ hoch ist.

Ingwer – Hilfe für Galle und Leber

In fortgeschrittenem Alter nehmen die Funktionen von Gallenblase und Leber ab. Vor allem die Verdauung von tierischem Fett kann dann Probleme bereiten. Auch wenn ältere Menschen auf exotische Gewürze zunächst skeptisch reagieren, Ingwer ist für sie das Mittel der Wahl: Seine Scharfstoffe, hauptsächlich das 6-Gingerol, helfen bei der Fettverdauung, indem sie die Gallensaftproduktion ankurbeln.

Hilfe bei Übelkeit und Erbrechen

Von allen medizinischen Indikationen ist die Heilwirkung des Ingwers bei Übelkeit und Erbrechen am besten belegt. Dazu zählen Reisekrankheit und morgendliche Übelkeit bei Schwangeren, Erbrechen nach Operationen und durch Arzneimittel bedingte Übelkeit.

Die Inhaltstoffe des Ingwers wirken direkt und ohne Umwege auf den Verdauungstrakt. Sie entspannen die glatte Muskulatur, sie lösen Krämpfe und Verspannungen in den Muskeln der Magenblutgefäße. Der Magen selbst entspannt sich dadurch, er wird stärker durchblutet, die Verdauungstätigkeit wird gefördert, schädigenden Reizen wird frühzeitig entgegengewirkt. Die Forschung schreibt die pharmakologischen Wirkungen auf den Verdauungstrakt hauptsächlich den Inhaltsstoffen aus der Klasse der Diarylheptanoide und der 6-Gingersulfonsäure zu.

Aus medizinischer Sicht ist die Seekrankheit keine richtige Erkrankung. Sie ist eine Art Konflikt. Das zentrale Nervensystem wird mit widersprüchlichen Informationen gefüttert, weil sie von unterschiedlichen Sinnesorganen gemeldet werden. Speziell die Rezeptoren im Innenohr sind bei wildem Seegang überfordert. Besonders stark ist macht die Orientierungslosigkeit bemerkbar, wenn man unter Deck weilt, weil die Augen die Bewegungen des Körpers nicht in Bezug zur Kabine setzen können und das Gehirn daher völlig überfordert ist. Es bringt die Informationen, die Augen und Gleichgewichtsorgan im Ohr senden, nicht auf einen Nenner. Der Seekranke wird blass, ihm bricht der Schweiß aus, der Magen drückt, Übelkeit und Brechreiz stellen sich ein. Die logische Reaktion des Organismus: Wenn der Magen entleert ist, braucht der Körper dort weniger Blut. Das steht dann für die erforderlichen Anstrengungen des Gehirns zur Verfügung. Hilfreich ist es, bei hohem Seegang geradeaus zu schauen. Die Augen finden am Horizont Fixpunkte, auf die man sich konzentrieren kann. Das Gehirn bekommt dann optische Vergleichsmöglichkeiten geliefert, die einigermaßen stabil sind.

Üble Sache: die Seekrankheit

Eigentlich ist die Seekrankheit gar keine richtige Krankheit. Unser Gehirn kämpft mit sich widersprechenden Informationen, die es nicht verarbeiten kann: Die Augen sehen in der Schiffskabine einen Zustand der relativen Ruhe, aber das Gleichgewichtsorgen im Ohr empfindet die starke Bewegung. Der Körper reagiert prompt. Um mehr Sauerstoff für die dringend notwendige Versorgung des Gehirns zu haben, zieht er Blut aus den anderen Körperregionen ab. Der Seekranke wird blass, ihm bricht der Schweiß aus, Übelkeit und Brechreiz stellen sich ein. Jetzt hilft nur eines: An Deck gehen und geradeaus schauen, das hilft den Augen, und – Ingwer essen.

Die frühen Seefahrer haben bei Übelkeit einfach die frischen grünen Triebe des Ingwerwurzelstocks gekaut. Heute gibt es fertige Präparate, die in dieser Situation zu unentbehrlichern Helfern werden.

Die Reise- und Seekrankheit wird in der medizinischen Fachsprache als Kinetose bezeichnet. Wissenschaftler in England haben mit Hilfe des schon beschriebenen Drehstuhl-Tests eindeutig die Wirkung eines Ingwerpräparates bei dieser Übelkeit bewiesen, die durch übermäßige Drehbewegungen ausgelöst wurde. Die meisten diesbezüglichen Studien weisen darauf hin, dass Ingwer mindestens genauso gut wirkt wie das Antihistaminikum Dimenhydranat; der Vorteil der Pflanze: Sie ist nebenwirkungsfrei.

Bei Kreuzfahrttouristen hat man einen Versuch mit zwei mal 250 Milligramm eines Ingwerpräparates (Zintona) gemacht. Der positive Unterschied zu chemischen Präparaten wurde ebenfalls bestätigt: Ingwer wirkt nicht auf das zentrale Nevensystem, sondern direkt auf den Bauch. Deshalb treten auch keine Nebenwirkungen auf. Durch die Ingwer-Scharfstoffe werden Muskeln im Verdauungstrakt entspannt, Krämpfe und Verspannungen lösen sich. Ingwer hilft demnach nicht nur bei Seefahrerübelkeit, sondern auch, wenn uns während einer Autofahrt schlecht wird.

Ingwer – so hilft er!

Ingwer hilft nicht nur bei Seekrankheit, sondern allgemein bei Reise-Übelkeit, etwa bei einer Autofahrt. Nehmen Sie eine halbe Stunde vor Beginn der Reise zwei Kapseln mit 250 Milligramm gemahlenem Ingwer, frischen sie die Dosis alle vier Stunden auf. So werden Sie die Stunden unterwegs unbeschadet überstehen.

Ingwer hat sich auch als Hilfe bei Übelkeit als Folge von Medikamenteneinnahme bewährt: Durch seine ausgleichenden Eigenschaften lindert er diese unangenehmen Nebenwirkungen merklich. Speziell bei Übelkeit und Erbrechen als Folge von Operationsnarkosen hat er sich bewährt.

Dass es einer Frau in den ersten Schwangerschaftsmonaten morgens übel ist und sie sich übergeben muss, ist zwar unangenehm, aber nicht außergewöhnlich. Der Körper muß nach der umfassenden hormonellen Umstellung in den ersten Wochen erst wieder zu einem neuen Gleichgewicht finden. Der körperliche Nachteil bei lang andauernder Brechneigung ist, dass möglicherweise zu viel Flüssigkeit und Elektrolyte (wasserlösliche Mineralstoffe) verloren gehen. Auf jeden Fall sollte man bei star-

Übelkeit in der Schwangerschaft

Ingwer, so hat eine wissenschaftliche Studie gezeigt, kann Übelkeit und Erbrechen in den ersten Monaten der Schwangerschaft wirksam lindern. Da aber bislang zu wenig eindeutige wissenschaftliche Studien über das Thema vorliegen, raten vor allem deutsche Ärzte von einer Behandlung dieser an sich harmlosen Beschwerden mit Ingwerpräparaten ab. Es ist allerdings unbedenklich, Ingwer als Gewürz zu verwenden.

kem Erbrechen den Rat eines Frauenarztes einholen.

Zu Schwangerschaftsbeschwerden liegen auch wissenschaftliche Studien vor. So hat man 27 schwangeren Frauen vier Tage lang jeweils viermal täglich 250 mg Ingwerpulver verabreicht. Im Vergleich zu der Gruppe mit Frauen, die ein Placebo erhielt, war eine deutliche Besserung der Beschwerden (Hyperemesis gravidarum, Schwangerschaftsübelkeit) erkennbar. Gerade schwangere Frauen sind bei einer Einnahme von Medikamenten auf Präparate angewiesen, die das Baby nicht schädigen können. Die wissenschaftliche Beurteilung von Ingwer in der Schwangerschaft ist kontrovers: In den USA werden Ingwermedikamente als unbedenklich eingestuft, in Deutschland wird eher davon abgeraten. Zwar liegen keinerlei Anhaltspunkte für eine eventuell mögliche Schädigung des Ungeborenen vor, doch verfügt man noch über zu wenig aussagekräftige Untersuchungen, die eine Einnahme befürworten. Schwangere, die Ingwermedikamente einnehmen wollen, sollten auf jeden Fall vorher mit ihrem behandelnden Arzt darüber sprechen. Es ist allerdings unbedenklich, Ingwer als Gewürz zu verwenden.

Ingwer und die Leber

Die Leber ist das Entgiftungsorgan des Körpers und mit dafür verantwortlich, dass die Nahrung für den Organismus verwertbar wird. Die Leber wird vielfach als das zentrale Labor unseres Körpers bezeichnet: in ihr wird die Gallenflüssigkeit produziert, die wir zur Fettverdauung dringend benötigen. Sie kann auch Stoffe deponieren, um sie bei Bedarf freizugeben. Zucker wird beispielsweise als Glykogen eingelagert; Überschüsse formt sie in Fett um und schickt sie zur Speicherung in die entsprechenden Depots im Körper. Aus den mit der Nahrung aufgenommenen Aminosäuren und Fetten baut sie Glykose auf, aus der wir Energie gewinnen. Viel Energie muß

Die Leber – klaglose Dienste

Die Leber ist eines der robustesten Organe unseres Körpers, die durch die Schadstoffe in unserer Nahrung, Alkohol- und Nikotingenuß besonderen Belastungen ausgesetzt wird. Aber Achtung: Eine kranke Leber macht nicht durch Beschwerden auf sich aufmerksam! Schützen kann man sich vor Leberschäden vor allem durch eine bewusste Lebensweise und – in gewissem Maße – auch durch die Einnahme von Ingwer.

das Organ heutzutage dafür aufwenden, sämtliche Stoffe, die dem Organismus schaden können, aus der Nahrung herauszufiltern.

Die Leber ist das widerstandsfähigste und anspruchsloseste Organ des Körpers. Zumindest „klagt“ sie selten. Dennoch kann sie – oft unbemerkt – Schaden genommen haben. Ist die Leber nicht in Ordnung, ist das ein deutlicher Hinweis darauf, dass ihr Besitzer zu viel von etwas in sich aufgenommen hat: zu viel Alkohol vielleicht, zu viel Drogen, zu viel Fett ... Doch muss nicht unbedingt Nahrung der Auslöser für eine Leberkrankheit sein. Wer verlernt hat zu unterscheiden, was für ihn „gesund“ und was für ihn „giftig“ ist, kann damit auch seine Leber überfordern. Die Frage, wo das individuelle „Zuviel“ liegt, ist für Leberpatienten angebracht.

Die Naturheilkunde setzt in der Lebertherapie hauptsächlich Mariendistelfruchtpräparate ein. Ihr Inhaltstoff, das Silymarin, fördert die Regenerationsfähigkeit der Leberzellen. Auch beim Ingwer spricht man von einer Leberschutzfunktion. Seine Scharfstoffe, allen voran die Gingerole, könnten, so heißt es, die Leber bis zu einem gewissen Grad vor Giften schützen. Erste Labortests fielen viel versprechend aus, allerdings steckt die Forschung auf diesem Gebiet noch in den Kinderschuhen. In diesem Zusammenhang sei noch einmal an die allgemein-regulierende Wirkung des Ingwers erinnert.

Stärkung von Herz und Kreislauf

Herz-Kreislauferkrankungen sind in den Industrienationen die Todesursache Nummer eins. In asiatischen Ländern (beispielsweise Japan) ist die Zahl deutlich niedriger. Dort werden mehr Fisch und mehr pflanzliche Lebensmittel verzehrt. Eine kleine Rolle dürfte auch der dort viel verwendete Ingwer spielen.

Es gibt zwei Arten von Blutfetten: die „bösen“ und die „guten“. Das böse, das LDL (Low Density Lipoprotein), sollte sich nicht in zu hoher Konzentration in den Blutgefäßen befinden. Sonst kommt es zum allgemein gefürchteten „erhöhten Cholesterinspiegel“, der nach wie vor zu den Risikofaktoren für Ateriosklerose gezählt wird. Wenn sich Cholesterine in den Wänden der Gefäße einnisten, werden diese enger und unelastisch. Für das Blut wird es schwerer, die verengten Stellen zu passieren, was den Transport von Sauerstoff und Nährstoffen beeinträchtigt. Ist ein Gefäß erst einmal verstopft, wird die Versorgung des umliegenden

Gewebes verhindert. Arteriosklerose kann nicht rückgängig gemacht werden, so dass der Vorsorge ein großer Wert zukommt. Neben einer allgemein gesunden Lebensweise (kein Nikotin, wenig Alkohol, viel Bewegung, wenig Stress) läßt sich dies über eine bewusste Ernährung erreichen. Vor allem sollte man tierische Fette in der täglichen Nahrung reduzieren.

Stark gegen Infarkt – Knoblauch und Ingwer

Ingwer kann – so vermuten Wissenschaftler – zweifach vor dem gefüchteten Infarkt schützen: Zum einen beugt er einer übermäßigen Cholersterinaufnahme aus der Nahrung vor. Zum anderen soll er die Blutgerinnungsfähigkeit verringern, eine Wirkung, die bislang nur für Acetylsalicylsäure und Knoblauch belegt war. Gegenüber letzterem hätte Ingwer einen entscheidenden Vorteil: man riecht ihn nicht.

Ingwer, so vermuten die Wissenschaftler, kann verhindern, dass zu viel Cholesterin aus der Nahrung aufgenommen wird. Außerdem soll er die LDL-Ausscheidung erhöhen. Acetylsalicylsäure (ASS) gilt immer noch als eines der meistgenutzten Mittel, um einem Infarkt vorzubeugen. Es macht das Blut fließfähiger und hemmt seine Gerinnung. Dadurch kann die Bildung eines Gerinnsels verhindert werden. Gerinnsel sind in der Lage, Herzkranz- oder Gehirngefäße zu verstopfen, wobei es zum gefürchteten Infarkt kommt. ASS hemmt die Bildung eines bestimmten Enzyms (Cyclooxygenase), dadurch wird die Blutgerinnungsfähigkeit verringert. Auch der Ingwer soll, so lässt sich zumindest aus diversen Untersuchungen schließen, diese Fähigkeit besitzen. Die gleiche Wirkung wird dem Knoblauch zugesprochen. Vielleicht wird der Ingwer eines Tages zur echten Konkurrenz. Ingwer hat den enormen Vorteil, dass man sein Gegenüber selbst bei exzessivem Gebrauch noch mit gutem Gewissen anatmen kann.

Wissenschaftler, die sich mit dem Ingwer befassen, bestätigen in ihren Veröffentlichungen, dass die Pflanze den Herzmuskel kräftigen kann. Ein starker Herzmuskel pumpt mehr Blut in die Gefäße. Das Herz selbst braucht sich nicht so anzustrengen. Wenn es kräftiger schlägt, fördert dies automatisch die Durchblutung. Sauerstoff und Nährstoffe werden schneller transportiert. Der gesamte Körper wird besser mit Blut versorgt, ohne dass der Blutdruck steigt. Da sich die Gefäße erweitern, ist eher noch mit einer Senkung des Drucks zu rechnen.

Ingwer für die Liebe

Aphrodite war die griechische Göttin der Liebe und der Schönheit. Ihr waren sämtliche Mittel vertraut, die in der Lage sein sollen, die Libido zu steigern. Ob Aphrodite auch Ingwer für Ihre Zwecke eingesetzt hat, ist in der Mythologie nicht überliefert. Doch kann man Ingwer durchaus zu den Heilpflanzen mit einem positiven Effekt auf derartige zwischenmenschliche Beziehungen zählen. Ingwer fördert die Durchblutung und durchwärmt den Körper. Er reguliert, gleicht aus. Nach einem stimmungsvollen Essen, in dem Ingwer als Zutat enthalten ist, wird man deswegen nicht gleich die Beherrschung verlieren. Aber die Sache unterstützen, das kann der Ingwer schon.

Wärme bei fiebriger Erkältung

Ingwer ist nachgewiesenermaßen eine gute Hilfe bei Erkältungskrankheiten. Mittlerweile gibt es neue Untersuchungen, die den Schluss zulassen, dass Ingwer auch bei Husten eingesetzt werden kann. Tierversuche haben ergeben, dass Shogaol im Gehirn wie ein Hustenblocker wirkt. Da der Ingwer die Durchblutung ankurbelt, sorgt er automatisch für eine Stärkung des Immunsystems, da sich die Abwehrzellen schneller und besser im Blut bewegen können. Labortests haben zudem ergeben, dass Ingwerextrakt direkt die Zellen dazu animiert, mehr Abwehrstoffe herzustellen.

Wenn die Erkältung mit Fieber einhergeht, sollte nicht gleich mit synthetischen Mitteln eingegriffen werden. Fieber ist eine natürliche Reaktion des Körpers. Der Organismus kämpft mit den Krankheitserregern und produziert Abwehrstoffe. Wird die Körpertemperatur mit Medikamenten gesenkt, reduziert der kranke Mensch automatisch auch die Produktion von Abwehrstoffen. Wird leichtes Fieber regelmäßig mit unterdrückenden Medikamenten in Zaum gehalten, kann im Laufe der Zeit die Fähigkeit, Fieber zu bilden, verloren gehen – und damit auch ein wichtiger Faktor im Bereich der Selbstheilung. Ausgelöst wird Fieber durch bestimmte Substanzen innerhalb des Immunsystems, die dem Gehirn die Botschaft „Temperatur erhöhen“ übermitteln, wenn zuvor Krankheitserreger „gesichtet“ worden sind. Die Naturheilkunde setzt bei Temperaturerhöhung schweißtreibende Pflanzen wie Linden- und Holunderblüten ein. In der Homöopathie greift man hauptsächlich auf Aconitum (in der ersten Hochfieberphase) und später auf Belladonna zurück. Um den

Körper von innen zu erwärmen, wird in der Traditionellen Chinesischen Medizin der Ingwer schon zu Beginn bei Schüttelfrost empfohlen. Aber auch später kann er wertvolle Dienste leisten. Er verhindert nämlich die Bildung von bestimmten Prostaglandinen. Dabei handelt es sich um hormonähnliche Substanzen, die eine Überträgerfunktion haben und an der Entstehung von Fieber beteiligt sind.

Rheuma – mit Ingwer gegen Schmerzen

Das viel benutzte Wort „Rheuma" ist ein Sammelbegriff für krankhafte Gewebsveränderungen. Dahinter verbergen sich eine ganze Reihe von Symptomen und Einzelerkrankungen. Rheuma kann die Gelenke, die Muskeln und Sehnen, ja sogar die Haut und diverse andere Organe befallen. Bei allen Krankheitsformen ist der Bewegungsapparat, besser gesagt sein Stütz- und Bindegewebe betroffen. Die häufigste Rheumaform ist der chronische Gelenkrheumatismus (Arthritis). Entzündung, Schwellung und Schmerz sind die häufigsten Symptome. Hinzu kommen Bewegungseinschränkungen und manchmal auch der komplette Ausfall der Funktion der betroffenen Körperregion.

Medizinische Therapien zielen darauf ab, die Schmerzen zu lindern, Entzündungen in Schach zu halten und einer Verschlechterung so entgegenzutreten. Synthetische Medikamente wie Diclofenac oder Ibuprofen sollen die Schmerzen und Entzündungen lindern.

Scharfstoffe lindern Beschwerden

Die Scharfstoffe des Ingwers können – so eine wissenschaftliche Untersuchung – das Entzündungsgeschehen bei Rheumapatienten positiv beeinflussen. Schmerzen und Schwellungen gehen zurück, und das Allgemeinbefinden bessert sich. Ingwer kann synthetische Rheuma-Medikamente sicher nicht ersetzen, aber die Therapie sinnvoll ergänzen. Wichtig in diesem Zusammenhang ist die Schutzfunktion des Ingwers für die Magenschleimhaut, denn Magenprobleme sind nicht selten eine Nebenwirkung konventioneller Rheumamittel.

Oft aber kommt es bei Patienten, die diese Präparate einnehmen, zu Magenproblemen. Die meisten Rheuma-Medikamente wirken negativ auf die Neubildung der Magenschleimhaut ein und fördern gleichzeitig die Produktion von Salzsäure. Pflanzliche Mittel aus

Teufelskrallenwurzel und Weihrauchextrakt spielen daher zunehmend eine Rolle in der Therapie, weil sie keine diese Nebenwirkungen haben.

Auch den Ingwer hat man in Bezug auf eine mögliche antirheumatische Wirkung untersucht: Die Scharfstoffe mischen sich in das Entzündungsgeschehen ein und können so die Krankheit lindern. In einer dänischen Anwendungsstudie zeigte sich eine Besserung bei rheumatischer Arthritis nach 30 Einnahmetagen von 50 Gramm frischem Ingwer bei einem Patienten. Weitere Studienteilnehmer nahmen fünf Gramm frischen Ingwer (knapp ein Gramm Ingwerpulver) täglich. Nach drei Monaten mit regelmäßiger Einnahme kam es bei allen Patienten zu einem Rückgang der Schmerzen, zu besserer Beweglichkeit; Schwellungen hatten sich zurückgebildet, ebenso die unangenehme morgendliche Steifheit der Gelenke. Zudem hatte sich das Allgemeinbefinden aller Patienten gebessert. Zwei weitere Studien, ebenfalls aus Dänemark, warteten mit ähnlich hoffnungsvollen Ergebnissen auf. Während der Fertigstellung dieses Buches lief in Berlin eine Untersuchung an 100 Probanden mit leichtem bis mittelschwerem Rheuma und hoch dosiertem Ingwer. Als Resultat dieser wissenschaftlichen Tests kann man sicher nicht damit rechnen, dass der Ingwer die synthetischen Präparate wird ersetzen können. Wohl dürfte er aber eine gute Ergänzung darstellen, so dass die Dosis der konventionellen Medikamente reduziert werden kann. Nicht vergessen darf man in diesem Zusammenhang auch die Schutzfunktion des Ingwers für die Magenschleimhaut.

Kampf gegen freie Radikale

Ingwer soll auch die so genannten freie Radikale unschädlich machen. Als Radikalenfänger gelten bislang vor allem Vitamine (Vitamin C und E und Beta-Carotin). Die Schutzmembran unserer Zellen enthält Fette, die wie Butter regelrecht ranzig werden können, wenn die freien Radikale zu mächtig werden. Die Liste der Krankheiten, die man einer Übermacht dieser Aggressoren zuschreibt, ist lang. Sie reicht von Alzheimer bis Krebs. Einige Wissenschaftler vertreten die Ansicht, dass man den Ingwer in die Liste der Radikalenfänger aufnehmen sollte. Allerdings fehlen noch konkrete wissenschaftliche Daten zu diesem Thema.

Die hauptsächlichen Auslöser bei „Erkrankungen des rheumatischen Formenkreises“, wie es in der medizinischen Fachsprache heißt, sind auf somatischem (körperlichen) Gebiet genetische Dispositionen (Vererbung), bakterielle Infektionen, Stress, chemikalische (durch Fremdstoffe/Gifte) und physikalische (Verletzungen, Haltungs-/Bewegungsfehler) Einwirkungen. Es lassen sich aber auch psychische Dispositionen für die Erkrankung finden: In der Psychosomatik ist der Typus des Polyarthritiskranken bekannt. Die meisten Rheumapatienten waren vor ihrer Erkrankung sehr aktiv und beweglich. Das Persönlichkeitsprofil dieser Menschen ist gekennzeichnet durch Perfektionismus, übertriebene Gewissenhaftigkeit, ein übersteigertes Moralempfinden und einen großen Helferwillen. Doch hinter dieser vordergründigen Hilfs- und Opferbereitschaft verbergen sich geistige Unbeweglichkeit und Egoismus. Die Folgen: Nicht gelebte Aggressionen zeigen sich körperlich in Verhärtungen der Muskulatur, unverarbeitete Probleme lagern sich in Form von Toxinen im Bindegewebe ab.

Auch im Volksmund gibt es in Bezug auf die „Haltung“ eines Menschen einige Redewendungen: Man spricht von „aufrechten“ Leuten und von solchen, die „buckeln und kriechen“. Rückenprobleme sind mittlerweile ein allgemeines Symptom unserer Leistungsgesellschaft. Aus rein organischer Sicht spricht man gerne von Haltungsfehlern, dennoch lohnt sich die kritische Auseinandersetzung mit dem eigenen Verhalten, schon um der eigenen Gesundheit willen.

Ingwer und die Psyche

Jeder Mensch wird von Stimmungen und Gefühlen, von Launen und Aggressionen beeinflusst. Die Palette der destruktiven menschlichen Empfindungen ist bunt. Sie reicht von der „normalen“ schlechten Laune bis zur tiefen, schwarzen Depression. Statistiken sagen uns, dass die Zahlen der an Depressionen Leidenden in den vergangenen drei Jahrzehnten deutlich gestiegen sind. In den USA z.B. nahm in den letzten zehn Jahren der Anteil der von schweren Depressionen Betroffenen in der Altersklasse der 16- bis 25-jährigen um ein Drittel zu. Bei uns dürfte die Situation nicht viel anders aussehen. Was sind die Gründe für solche dunklen Löcher im Seelenleben? Rein körperlich betrachtet, sind Depressionen Störungen im Gleichgewicht der Botenstoffe (Neurotransmitter) im zentralen Nervensystem. Solche hormonartigen chemischen Überträger sind zum Beispiel Dopamin, Noradrenalin und Serotonin. Stress wird als einer der Faktoren genannt, die dafür sorgen, dass diese Substanzen frühzeitig verschlissen werden. So kann beispielsweise ein Mangel an Dopamin Nervosität, Schlafstörungen und Depressionen hervorrufen.

Kommen wir zu den „nichtmedizinischen“ Ursachen. Die Ursachen, dass jemand psychisch aus dem Gleichgewicht gerät, können vielfältig sein: Zukunfts- und Existenzangst, Minderwertigkeitsgefühle, Probleme in Partnerschaft, Familie, Beruf, der Verlust eines geliebten Menschen – dies alles sind Situationen, mit denen man im Leben konfrontiert wird. Und nicht selten sind Depressionen bei einigen Menschen die Folge. In der Psychologie werden solche Tiefs als „reaktiv“ bezeichnet, weil der Auslöser für die Krise nachvollziehbar ist. Es gibt aber auch Formen der Depression, wo der Ausbruch der Krankheit nicht auf ein Ereignis in der Biografie des Patienten zurückgeführt werden kann. Der Betroffene lebt in einem intakten Umfeld, an sich geht es ihm gut. In diesen Fällen können manchmal organische Ursachen gefunden werden. Oder weiter zurückliegende Erfahrungen, die den Betroffenen nicht mehr bewusst sind, machen ihnen zu schaffen: Traumata aus der Kindheit z.B., die nie verarbeitet worden sind und später in einer „maskierten“ Form ihren Tribut zollen. Es ist absolut notwendig, sich in solchen Fällen fachmännischer Hilfe anzuvertrauen. Bei schweren Depressionen stößt die Naturheilkunde an ihre Grenzen!

Johanniskraut und die Kava-Kava-Pflanze – gut für die Psyche

Mit Johanniskraut und der Kava-Kava Pflanze erzielt man – dies ist auch wissenschaftlich belegt – bei der Behandlung von leichten bis mittelschweren Depressionen gute Erfolge. Pflanzliche Psychopharmaka haben im Vergleich zu den synthetischen den Vorteil, daß sie das Reaktionsvermögen nicht beeinflussen und sie nicht abhängig machen können.

Bei den so genannten „leichten bis mittelschweren“ psychischen Störungen kann man allerdings mit pflanzlichen Produkten einiges ausrichten. Die gößten Behandlungserfolge werden dabei seit langer Zeit schon mit Johanniskraut erzielt. Diese Heilpflanze hat den unschätzbaren Vorteil, dass sie in der Naturmedizin als „Lichtträger“ angesehen wird. Sie hellt mit ihrer einzigartigen Kombination an Wirkstoffen dunkle Stimmungen auf und bringt die Sonne zurück in das menschliche Befinden. Es existiert wohl kaum ein Vertreter der grünen Apotheke, der entsprechend wissenschaftlich untersucht worden ist, wie das Hypericum perforatum, so der botanische Name. Dieses pflanzlichen Antidepressivum kann die Stimmung

Huan-Ente
Rezept Seite 110

Abb. links oben:	Asiaröllchen, *Rezept Seite 101*
Abb. links unten:	Poularde mit Apfelfüllung, *Rezept Seite 114*
Abb. rechte Seite:	Hühnerfrikassee Suzi Wan *(links im Bild), Rezept Seite 112*
	Ingwer-Schweinebraten *(oben im Bild), Rezept Seite 125*
	Fernöstlicher Hackbraten *(rechts im Bild), Rezept Seite 128*

Abb. oben: Chinaröllchen mit Ingwer, *Rezept Seite 104*
Abb. rechts oben: Rinderfilet Szechuan mit asiatischem Gemüsereis, *Rezept Seite 130*
Abb. rechts unten: Hasenrücken Schlossherren Art, *Rezept Seite 127*

Abb. links oben:	Gebratene Hähnchenkeule mit Bananen-Ingwer-Gemüse, *Rezept Seite 114*
Abb. links unten:	Gegrillte Schweinerippchen, *Rezept Seite 131*
Abb. rechts:	Gans Shanghai, *Rezept Seite 111*

Abb. oben: Gegrilltes Obst mit Ingwer, *Rezept Seite 144*
Abb. unten: Frittiertes Obst auf japanische Art, *Rezept Seite 145*

verbessern, Ängste lindern, für einen guten Schlaf sorgen und Zuversicht in unsere Gedanken lenken.

Ein zweiter Helfer aus dem Kräutergarten ist die Kava-Kava-Pflanze (Piper methysticum). In Polynesien ist die Wurzel schon seit uralten Zeiten als Angstlöser bekannt, bei uns hat sie sich in den letzten Jahren als einzige pflanzliche Alternative zu den chemisch-synthetischen Angstlösern durchgesetzt. Die Wirksamkeit von Kava-Kava ist gut untersucht und wissenschaftlich belegt. Ähnlich wie das Johanniskraut hat auch diese Heilpflanze den unschätzbaren Wert, dass sie weder das Reaktionsvermögen beeinflusst noch abhängig machen kann.

Der Ingwer zählt nicht zu den pflanzlichen Psychopharmaka. Trotzdem hat er eine positive Wirkung auf unser Allgemeinbefinden. Er ist, wie schon mehrmals betont, eine Pflanze des Ausgleichs und der Harmonisierung. Deshalb unterstützt er unser Streben nach innerem Gleichgewicht. Ingwer hilft dem gestressten Magen, der ja nicht selten auf Hektik, Wut und Ärger mit Funktionsstörungen reagiert. Ingwertee, über den ganzen Tag verteilt getrunken, wirkt entspannend. Man kann auch ätherisches Ingweröl direkt aus der Flasche einatmen. Die Geruchsnerven leiten einen beruhigenden Reiz direkt an das zentrale Nervensystem weiter. Vor den Mahlzeiten ein Esslöffel Ingwersirup beruhigt Magen und Darm. So kann man mit Ingwer psychischen Belastungen besser gewappnet begegnen und schwierige Situationen unbeschadet überstehen.

Der Aspekt der Vorsorge wird in Zukunft eine enorm wichtige Rolle spielen, schon deshalb, weil unser Gesundheitssystem finanzierbar bleiben muss. Der Ernährung spielt dabei eine zentrale Rolle. Ich möchte Sie deshalb jetzt zum zweiten Teil dieses Buches einladen, in dem sich alles um Rezepte für die Küche dreht.

Harmonie durch Ingwer

Ingwer ist eine Pflanze des Ausgleichs und der Harmonisierung. Er unterstützt unser inneres Gleichgewicht und läßt uns psychische Belastungen besser überstehen. So wirkt Ingwertee entspannend, wird er über den ganzen Tag verteilt getrunken. Der Duft von ätherischem Ingweröl wirkt beruhigend auf das zentrale Nervensystem. Und Ingwersirup hilft Magen und Darm.

Gesundheit geht durch den Magen – Kochen mit Ingwer

Wir haben bisher sehr viel über den Ingwer als Medizin geredet. Immer wieder wurde aber auch darauf hingewiesen, dass die Knolle mehr kann als „nur“ medizinisch wirken. Selbst wenn sie keine heilkundlichen Resultate erzielen würde, stünde ihr als willkommener Abwechslung ein Platz in den Kochtöpfen und Bratpfannen der Welt zu. Der Ingwer selbst ist ein unkomplizierter Freund, mit dem man in der Küche ohne großes Risiko experimentieren kann. Probieren Sie es doch einfach einmal aus!

Soweit nicht anders angegeben, sind alle Rezepte für 4 Personen berechnet.

Suppen und Vorspeisen

Linsensuppe mit Ingwer

150 g Kartoffeln
1 Knoblauchzehe
1 Messerspitze Safranpulver
½ l Gemüsebrühe
250 g Linsen aus der Dose
1 Messerspitze Ingwerpulver
½ TL Kurkuma (gemahlen)
3 EL Zitronensaft
Salz
Pfeffer

Kartoffeln schälen und in kleine Stücke schneiden, Knoblauchzehe abziehen und klein hacken. Safranpulver in 1 TL heißem Wasser auflösen. Die Gemüsebrühe erhitzen, dann die Kartoffeln und die Linsen hinzugeben und das Ganze bei mittlerer Hitze 20 Minuten lang kochen. Knoblauch und Gewürze einrühren. Mit Salz und Pfeffer abschmecken.

Eintopf mit Ingwer-Klößchen

3 Zwiebeln
1 Bund Suppengrün
5 Tomaten
400 g Kartoffeln
400 g Zuckerschoten
350 g Hackfleisch (halb und halb)
½ TL Ingwerpulver
2 Eigelb
2 EL Paniermehl
75 g Parmesankäse
Salz
Pfeffer
4 EL Oliven- oder Distelöl

Zwiebeln häuten, zwei in kleine Würfel scheiden, eine in Ringe. Das Suppengrün waschen, putzen und in große Stücke schneiden, die Tomaten waschen und vierteln. Die Kartoffeln waschen und schälen und in Würfel schneiden. Die Zuckerschoten waschen und halbieren. Das Hackfleisch mit Ingwerpulver, Eigelb, Paniermehl, Zwiebelwürfeln, geriebenem Parmesan, Salz und Pfeffer verkneten und kleine Bällchen formen.

Speiseöl erhitzen, die Zwiebelringe bei mittlerer Hitze anbraten. Herausnehmen, wenn sie goldbraun sind. Dann die Fleischklößchen in das Fett geben, 8 Minuten durchbraten und aus dem Fett nehmen. Suppengrün und Tomaten in einem Liter Wasser mit Salz und Pfeffer bei mittlerer Hitze 30 Minuten zugedeckt kochen. Die Gemüsebrühe durchsieben, Kartoffeln und Zuckerschoten zufügen und zehn Minuten bei mittlerer Hitze garen. Anschließend die Hackbällchen in die Suppe geben und fünf Minuten ziehen lassen, mit den Zwiebelringen garniert servieren.

Hühnersuppe mit Ingwer I

(für 4 - 6 Personen)

300 g Hühnerbrust
3 EL Speisestärke
6 dicke Champignons
2 Frühlingszwiebeln
1 EL frischer Ingwer (gerieben)
2 EL Erdnussöl
500 ml Hühnerbrühe
1 TL Currypaste (aus dem Asien-Laden)
4 EL Fischsud
250 ml Sahne
25 g Kokosflocken
3 EL Zitronensaft
Pfeffer
Salz
1 Bund Basilikum

Hühnerbrust waschen und abtrocknen, Fett und Sehnen entfernen. Fleisch in Streifen schneiden und in Speisestärke wälzen. Die Champignons in Scheiben schneiden, Frühlingszwiebeln putzen und in Ringe schneiden. Ingwer schälen und fein hacken.

Öl in einer Pfanne erhitzen, Champignons, Zwiebeln und Ingwer darin kurz anbraten, mit der Hühnerbrühe ablöschen, noch einmal kurz erhitzen. Currypaste und Fischsud dazugeben, kurz aufkochen und einige Minuten ziehen lassen. Sahne mit den Kokosflocken mischen und unterrühren. Wieder aufkochen. Zitronensaft hinzufügen. Hühnerfleisch und Pilze pfeffern und salzen und in die Suppe geben. Auf kleiner Hitze etwa 5 Minuten köcheln lassen. Basilikum vorsichtig abbrausen, trocken tupfen, in Streifen schneiden und zum Servieren auf die Suppe streuen.

Hühnersuppe mit Ingwer II

1 Suppenhuhn (küchenfertig)
1 Stück frischer Ingwer (4 cm lang)
3 Möhren
½ Sellerieknolle
1 Stange Lauch
2 l Wasser
Salz

Huhn waschen und in Portionsstücke teilen. Ingwer, Möhren, Sellerie und Lauch putzen und klein schneiden. Wasser in einem Topf erhitzen, Hühnerteile und Gemüse darin zum Kochen bringen. Zwei Stunden lang köcheln lassen.

Fleisch aus der Suppe nehmen und Haut und Knochen entfernen. Fleisch würfeln. Suppe durch ein Sieb passieren. Gemüse pürieren und wieder in die Suppe geben. Mit Salz abschmecken. Zum Servieren das Fleisch in die Suppe geben und noch einmal kurz erhitzen.

Ingwer-Nudel-Suppe

2 Zwiebeln
100 g frischer Ingwer
1 Bund Koriander
400 g Nudeln
500 ml Gemüsebrühe
100 ml süß-saure Chinasoße
1 EL Sojasoße
400 g Schrimps
grob geschroteter Pfeffer

Zwiebeln schälen und in dünne Ringe schneiden, Ingwer häuten und in feine Scheiben schneiden, Koriander waschen, trocken tupfen und klein hacken. Die Nudeln in reichlich kochendem Salzwasser bissfest kochen, abschütten und in einem Sieb abtropfen lassen.

Gemüsebrühe aufkochen, gemeinsam mit den Zwiebelringen 5 Minuten bei mittlerer Hitze kochen lassen. China- und Sojasoße einrühren. Die Ingwerscheiben zugeben. Nudeln und Schrimps hinzufügen, bei kleiner Hitze fünf Minuten lang erwärmen. Zum Servieren mit Koriander und Pfeffer bestreuen.

(für 4 - 6 Personen)

1 Bund Lauchzwiebeln
2 Knoblauchzehen
125 g frischer Ingwer
650 g Schweinenacken ohne Knochen
Salz
Pfeffer
25 g Butterschmalz
1,5 l heiße Fleischbrühe
500 g Weißkohl
1 gelbe Paprikaschote
2 rote Paprikaschoten
1 Dose Kichererbsen
125 g Crème fraîche oder 250 ml Sahne
2 EL geriebener Meerrettich

Ingwer-Kohl-Eintopf

Lauchzwiebeln putzen, den weißen Teil in Ringe schneiden, das Grüne fein hacken. Knoblauch und Ingwer schälen und klein hacken. Fleisch salzen und pfeffern und im Butterschmalz bei mittlerer Hitze von allen Seiten anbraten, dann herausnehmen. Zwiebelringe mit dem Knoblauch und dem Ingwer im Bratfett andünsten. Heiße Fleischbrühe dazugießen und aufkochen. Das Fleisch zufügen, in der Brühe bei mittlerer Hitze eine Stunde lang kochen.

In der Zwischenzeit die äußeren Blätter und den Strunk vom Kohl entfernen. Den Kohl fein hobeln. Paprikaschoten halbieren, Kerne und weiße Innenhäute entfernen, waschen und in feine Streifen schneiden. Kohl und Erbsen mitsamt der Flüssigkeit in die Brühe geben, alles zusammen 20 Minuten weiterkochen. Dann die Paprikastreifen dazugeben; weitere 10 Minuten kochen lassen. Das Fleisch herausnehmen und warm stellen.

Crème fraîche oder Sahne mit dem Meerrettich verrühren und in den Eintopf geben. Zum Schluss das Fleisch in Scheiben schneiden, mit den übrig gebliebenen Lauchzwiebeln bestreuen und zur Suppe servieren.

Currysuppe I

200 g Ananas
2 kleine Zwiebeln
1 Apfel
1 Banane
1 EL Sojaöl
½ TL frisch geriebener Ingwer
½ TL Kurkuma (gemahlen)
½ TL Currypulver
300 ml heiße Gemüsebrühe
200 ml Milch
4 EL Kokoscreme
Salz
Paprikapulver, edelsüß

Ananas in Würfel schneiden, Zwiebeln häuten und klein hacken. Apfel schälen und in kleine Stücke schneiden, Banane schälen und in kleine Scheiben schneiden. Sojaöl in einem Topf erhitzen, die Zwiebeln darin glasig werden lassen. Obst und die Gewürze beigeben und 2 Minuten dünsten. Gemüsebrühe angießen, 4 Minuten bei kleiner Hitze ziehen lassen. Die Suppe pürieren, Milch und Kokoscreme unterrühren. Bei mittlerer Hitze 10 Minuten kochen, ab und zu umrühren. Vor dem Servieren noch mit Salz und Paprikapulver abschmecken.

Currysuppe II

1 TL gemahlener Ingwer
2 EL Mehl
2 TL Currypulver
1 TL Kurkuma (gemahlen)
750 g Hähnchenteile
50 g Butter
1 Apfel
2 Knoblauchzehen
½ l Hühnerbrühe
10 schwarze Pfefferkörner
2 EL Zitronensaft
100 ml frische Sahne
etwas gekochter Reis
Chutney

Ingwer, Mehl, Curry und Kurkuma vermischen und die Hähnchenteile damit einreiben. Butter in einem Topf erhitzen und die Hähnchenteile darin anbraten, bis sie leicht gebräunt sind. Apfel schälen und fein würfeln. Knoblauch pellen und durch die Presse drücken. Beides in den Topf geben, mit der Brühe ablöschen und die Pfefferkörner dazugeben. Zum Kochen bringen, dann die Hitze reduzieren. Zugedeckt eine Stunde lang köcheln lassen. Die Hähnchenteile aus dem Topf nehmen und enthäuten. Das Fleisch von den Knochen ablösen und fein hacken. Das Hähnchenfleisch wieder in den Topf geben, Zitronensaft und Sahne unterrühren. Langsam erwärmen. Mit gekochtem Reis und Chutney als Beilage servieren.

Scharf-saure Suppe mit Ingwer

4 getrocknete chinesische Pilze
50 g Glasnudeln
1 l Hühnerbrühe
1 TL frisch geriebener Ingwer
200 g gekochtes und klein geschnittenes Hühnerfleisch
200 g Bambussprossen, fein geschnitten
1 EL Maismehl
100 ml Wasser
1 Ei
2 Frühlingszwiebeln
1 EL Ketschup
1 EL Sojasoße
1 EL Essig
2 TL Sesamöl
Pfeffer
Salz

Pilze in einer Schüssel mit heißem Wasser übergießen und 30 Minuten einweichen. Gut abtropfen lassen, dann fein hacken. Glasnudeln während dieser Zeit in kaltem Wasser einweichen, abtropfen lassen und in kleine Stücke schneiden. Die Hühnerbrühe in einem Topf zum Kochen bringen. Ingwer, Pilze, Nudeln, Fleisch und Bambussprossen zufügen. Maismehl mit Wasser in einer kleinen Schüssel zu einem Brei verrühren, in die Suppe einrühren. Ei verquirlen und langsam in die Suppe rühren. Topf vom Herd nehmen. Frühlingszwiebeln putzen und sehr fein schneiden, mit Ketschup, Sojasoße, Essig und Sesamöl in die Suppe rühren. Mit Pfeffer und Salz würzen.

Ingwer-Mais-Suppe mit Huhn

(für 4 - 6 Personen)

1 Stück frischer Ingwer (2 cm lang)
1 große Dose Gemüsemais
1,5 l Hühnerbrühe
250 g gekochtes und gewürfeltes Hühnerfleisch
2 EL Maismehl
100 ml Wasser
8 kleine Zwiebeln
1 TL Sesamöl
Salz · Pfeffer

Ingwer schälen und raspeln. Mais in einem Sieb abtropfen lassen. Hühnerbrühe erwärmen, Mais, Fleisch und Ingwer hinzugeben. 5 Minuten köcheln lassen. Maismehl und Wasser in einer Schüssel zu einem Brei verrühren, in die Suppe einrühren. Zwiebeln schälen und fein hacken, mit dem Sesamöl in die Suppe rühren. Mit Pfeffer und Salz abschmecken.

Ingwer-Garnelen-Suppe

1 kg rohe Garnelen
125 ml Olivenöl
1 l kochendes Wasser
3 Scheiben frischer Ingwer
2 Knoblauchzehen
5 große Chilischoten
1 Zwiebel
1 TL Kurkuma (gemahlen)
1 EL Koriander (gemahlen)
1 TL Garnelenpaste
1 Stängel Zitronengras
3 TL Salz
1 TL brauner Zucker
350 ml Kokossahne aus der Dose
125 g Fadennudeln
2 kleine Essiggurken
200 g frische Bohnenkeime
1 Bund frisch gehackte Minze

Garnelen schälen, Köpfe und Schalen entfernen, aber nicht wegwerfen. 2 EL Öl in einem Topf erhitzen, die Garnelenköpfe und -schalen darin anbraten, bis sie eine hellorange Farbe haben. Heißes Wasser hinzugeben, aufkochen. Dann die Hitze reduzieren und die Garnelen 15 Minuten lang köcheln lassen. Abseihen, die Schalen und Köpfe entfernen. Brühe und Garnelenschwänze beiseite stellen.

Ingwer schälen, Knoblauch pellen, Chilischoten halbieren und entkernen. Zwiebel schälen und vierteln. Ingwer, Knoblauch, Chilischoten, Zwiebelviertel, Kurkuma und Koriander pürieren. Das restliche Öl in einem großen Topf erhitzen, vorbereitetes Püree und Garnelenpaste hinzufügen. Das Zitronengras etwas zerdrücken und in den Topf geben, bei kleiner Hitze 3 Minuten lang umrühren.

Beiseite gestellte Garnelenbrühe separat erhitzen, dann in den Suppentopf geben, 10 Minuten köcheln lassen. Salz, Zucker und Kokossahne hineinrühren und weitere 5 Minuten köcheln lassen.

Etwas Wasser in einem Topf zum Kochen bringen, Nudeln darin in 2 Minuten garen, in einem Sieb abtropfen lassen. Die Gurken in Streifen schneiden, Enden entfernen. Die Nudeln in eine Terrine geben und mit den Gurken, den Garnelen und den Bohnenkeimen bedecken. Die Suppe darübergießen und mit Minze bestreut servieren.

Hühnercremesuppe mit Ingwer

1 Hähnchenbrustfilet
50 g Butter
2 EL Mehl
1/2 l Hühnerbrühe
1/4 l Milch
1/4 l Sahne
2 TL frisch geriebener Ingwer
1/2 Bund gehackte frische Petersilie

Hähnchenbrust in feine Würfel schneiden. Butter in einem großen Topf erhitzen, Mehl hinzugeben. 2 Minuten bei kleiner Hitze anschwitzen. Dann die Hühnerbrühe einrühren. Darauf achten, dass keine Klümpchen entstehen. Bei mittlerer Hitze unter ständigem Umrühren erwärmen, bis das Ganze eindickt. Milch, Sahne, Ingwer und Fleischwürfel zufügen. Bei kleiner Hitze 5 Minuten köcheln lassen, bis das Fleisch weich ist. Salzen und mit Petersilie bestreut servieren.

Ingwer-Möhren-Suppe

500 g Möhren
1 große Zwiebel
50 g Butter
1 EL Mehl
1 l heiße Hühnerbrühe
2 TL frisch geriebener Ingwer
200 ml Sahne
Salz
Pfeffer
Schnittlauchröllchen zum Bestreuen

Möhren und Zwiebel schälen, in dünne Scheiben bzw. Ringe schneiden. Butter in einem Topf erhitzen. Zwiebelringe und Möhrenscheiben bei niedriger Hitze unter Rühren darin anbraten. Mehl hinzufügen, umrühren. Topf vom Herd nehmen, Brühe unterrühren. Ingwer dazugeben. Wieder auf die Platte stellen und unter Rühren erhitzen, bis das Ganze zu kochen beginnt und eindickt. Auf kleiner Hitze 25 Minuten lang köcheln lassen.

Suppe in Portionen im Mixer pürieren, wieder in den Topf geben. Sahne einrühren, salzen und pfeffern. Unter Rühren erwärmen. Mit Schnittlauchröllchen bestreut servieren.

Kürbiscremesuppe

1 kg gelbfleischiger Kürbis
1 Zwiebel
2 Knoblauchzehen
60 g Butter
¼ l heiße Fleischbrühe
¼ l trockener Weißwein
200 g Schmelzkäse
Salz
schwarzer Pfeffer
½ TL gemahlener Piment
Cayennepfeffer
1 EL hauchdünn geschnittener frischer Ingwer
3 Scheiben Toastbrot

Vom Kürbis die harte Schale abschneiden und die Samen entfernen, Fruchtfleisch grob würfeln. Zwiebel und Knoblauch schälen, beides fein hacken. 40 g Butter in einem Topf erhitzen, zuerst die Zwiebel darin andünsten, dann den Knoblauch zugeben; er darf keine Farbe annehmen, sonst wird er bitter. Die Kürbiswürfel zugeben und 5 - 10 Minuten dünsten. Mit der Fleischbrühe auffüllen und 15 Minuten köcheln lassen. Weißwein zugeben und alles pürieren. Schmelzkäse zufügen und umrühren, bis er sich aufgelöst hat. Mit wenig Salz würzen, viel frisch gemahlenen Pfeffer, Piment und eine Prise Cayennepfeffer zugeben. Abschmecken, dann den Ingwer untermischen.

Toastbrot entrinden und in Würfel schneiden. Die restliche Butter in einer Pfanne erhitzen und die Brotwürfel darin goldbraun anrösten. Zum Servieren die Suppe mit den Croûtons bestreuen.

Kokossuppe mit Ingwer

750 g Möhren
2 Gemüsezwiebeln
2 EL Olivenöl
700 ml heiße Gemüsebrühe
500 g Kokoscreme (Dose)
1 reife Mango
½ Honigmelone
1 getrocknete Chilischote
5 Frühlingszwiebeln
2 EL frisch geriebener Ingwer
Salz
Pfeffer

Möhren und Zwiebeln schälen und in Scheiben bzw. Würfel schneiden. Öl in einem Topf erhitzen und beides darin anbraten. Mit Gemüsebrühe ablöschen und 12 Minuten kochen lassen, pürieren und die Kokoscreme unterziehen. Fruchtfleisch von Mango und Melone in kleine Würfel schneiden und in die Suppe geben. Chilischoten entkernen, würfeln und zur Suppe geben. Frühlingszwiebeln putzen, in Ringe schneiden und in die Suppe geben. Den Ingwer unterrühren. Mit Pfeffer und Salz abschmecken.

Rote Zwiebelsuppe

250 g rote Zwiebeln
1 Knoblauchzehe
1 TL frisch geriebener Ingwer
2 EL Olivenöl
500 ml heiße Gemüsebrühe
2 EL Cognac
150 g Kräuterfrischkäse
1 EL Zitronensaft
Salz
gemahlener Pfeffer

Zwiebeln schälen und in Ringe schneiden. Knoblauchzehe schälen und durch die Presse drücken. Öl in einem Topf erhitzen, Zwiebeln darin andünsten. Knoblauch und Ingwer dazugeben. Nach ca. 3 Minuten Brühe und Cognac angießen. Zugedeckt ca. 15 Minuten ziehen lassen. Einen Teil der Zwiebeln mit dem Schaumlöffel herausnehmen. Den Frischkäse unter die Suppe rühren, Suppe pürieren. Mit Zitronensaft, Salz und Pfeffer abschmecken. Die restlichen Zwiebelringe unterrühren und die Suppe vor dem Servieren noch einmal kurz aufkochen lassen.

Avocado mit pikanter Krabbenfüllung

2 Avocados
1 Zitrone
1 kleine Knoblauchzehe
150 g sahniger Streichkäse
150 g Crème fraîche
1/4 TL Ingwerpulver
Cayennepfeffer
Salz
200 g Krabben
frischer gemahlener Pfeffer

Avocados halbieren. Kerne entfernen und das Fruchtfleisch bis auf einen kleinen Rand heraus löffeln. Ausgehöhlte Avocados sowie Fruchtfleisch mit dem Saft einer halben Zitrone beträufeln. Das Fruchtfleisch mit einer Gabel zerdrücken. Knoblauchzehe pellen und durch die Presse drücken. Streichkäse, Crème fraîche, Ingwer, Cayennepfeffer und Knoblauch mit der zerdrückten Avocadomasse gut vermischen. Mit Salz abschmecken und in die Avocadohälften füllen. Krabben mit dem restlichen Zitronensaft und dem Pfeffer würzen und auf den gefüllten Avocadohälften verteilen.

Marinierte Sardinen

20 kleine Sardinen
3 EL Mehl
300 ml Olivenöl
2 Knoblauchzehen
1/2 TL Safran
1 TL gemahlener Ingwer
Salz
Pfeffer
4 EL Zitronensaft
1 unbehandelte Zitrone in Scheiben
4 Lorbeerblätter

Sardinen nach Belieben ganz verwenden oder ausnehmen, abwaschen und mit Küchenkrepp trockenreiben, mit Mehl bestäuben. 150 ml Olivenöl in eine Pfanne geben und die Sardinen darin etwa 3 Minuten von beiden Seiten anbraten, bis sie goldbraun sind. Herausnehmen und auf Küchenkrepp abtropfen lassen.

Die Sardinen in eine flache Servierschüssel legen. Knoblauch pellen und durch die Presse in das restliche Öl drücken, Safran, Ingwer, Salz, Pfeffer und Zitronensaft unterrühren, über die Fische verteilen.

Zitronenscheiben und Lorbeerblätter dekorativ darauf legen, Schüssel abdecken und 24 Stunden im Kühlschrank ziehen lassen. Mit knusprigem Weißbrot servieren.

Chinesische Lotusblüten

(für 6 Personen)

500 g Crevetten
2 Zwiebeln
1 Stück Ingwer (5 cm)
2 Stangen Staudensellerie
1 TL Glutamat
1 TL Salz
1 TL weißer Pfeffer
1 EL Saké
1 Eiweiß
1 EL Speisestärke
Fett oder Öl zum Ausbacken
süß-saure chinesische Sauce

Crevetten auslösen, Schwänze entfernen. Rücken aufschneiden und die schwarzen Fäden heraus ziehen. Crevettenfleisch fein hacken.

Zwiebeln und Ingwer schälen, fein hacken. Staudensellerie putzen und waschen, in feine Ringe schneiden, diese fein würfeln.

Crevetten, Zwiebeln, Ingwer, Sellerie, Glutamat, Salz, Pfeffer und Saké gut vermischen. Eiweiß zu einem steifen Schnee schlagen, Speisestärke unterziehen und zur Crevettenmischung geben. Aus der Masse kleine Bällchen formen und diese im heißen Fett 2 Minuten frittieren. Auf Küchenkrepp abtropfen lassen und mit einer süß-sauren chinesischen Sauce servieren.

Salate

Mais-Avocado-Salat

4 Avocados
4 TL brauner Zucker
4 TL Salatmajonäse
1 große Dose Gemüsemais
2 Birnen
200 g gekochter Schinken
2 Prisen Ingwerpulver
Pfeffer
Salz

Avocados längs halbieren, Kerne entfernen, Fruchtfleisch mit einem Teelöffel vorsichtig aus der Schale lösen. Die Schalen nicht wegwerfen. Das Fruchtfleisch mit Zucker und Salatcreme verrühren, bis ein Brei entsteht. Maiskörner in einem Sieb abtropfen lassen und zufügen, 4 EL davon beiseite stellen. Birnen schälen und vierteln, Kerngehäuse entfernen. Fruchtfleisch in kleine Stücke schneiden und in den Avocadobrei mischen. Schinken in schmale Streifen schneiden und hinzufügen. Ingwerpulver unterrühren. Mit Salz und Pfeffer abschmecken. Die Mischung in die Avocadoschalen füllen, mit dem übrigen Maiskörnern bestreuen.

Bohnen-Bananen-Salat mit Ingwer

250 g schwarze Bohnen
Salz · 2 mittelgroße Bananen
Saft einer halben Zitrone

Für das Dressing:
½ kleine Mango
½ kleine Papaya
Saft einer halben Zitrone
2 EL (Weizenkeim-)Öl
1 TL frisch geriebener Ingwer
Pfeffer · Salz
1 Pr. Currypulver · 1 Pr. Zucker
Zitronenmelisse zum Garnieren

Bohnen über Nacht in kaltem Wasser einweichen, dann das Wasser salzen und die Bohnen 70 Minuten bei geringer Hitze kochen. Kurz mit kaltem Wasser überbrausen und gut abtropfen lassen. Bananen schälen, in Scheiben schneiden, mit Zitronensaft beträufeln und vorsichtig unter die Bohnen mischen. Für das Dressing die Früchte waschen, schälen, entkernen und mit dem Zitronensaft pürieren. Weizenkeimöl unterrühren und mit den angegebenen Gewürzen herzhaft abschmecken. Dressing mit einem Esslöffel auf die Teller geben und mit dem Löffelrücken verstreichen. Bohnen und Bananen darauf anrichten. Mit Zitronenmelisse garnieren.

Rote-Bete-Salat mit Ingwer

600 g eingelegte Rote Bete
5 Äpfel
1 TL frisch geriebener Ingwer
1 EL Zitronensaft
1 Msp. Senf
Pfeffer
Salz
Zucker
125 g Sahne

Rote Bete in Scheiben schneiden, Äpfel schälen, vierteln, Kerngehäuse entfernen und das Fruchtfleisch würfeln. Ingwer mit Zitronensaft und Senf vermischen und mit Salz, Pfeffer und etwas Zucker würzen. Sahne schlagen und unterheben. Rote Bete und die Apfelwürfel in einer Schüssel mischen, die Salatsoße dazugeben.

Champignonsalat mit Ingwer

2 Tomaten
1 TL frisch geriebener Ingwer
2 EL Weinessig
Salz
Pfeffer
4 EL Estragon
1 Prise Zucker
8 EL Olivenöl
300 g Radieschen
800 g Champignons
2 EL Zitronensaft

Tomaten überbrühen, häuten, Stielansätze und Kerne entfernen, Fruchtfleisch in kleine Stücke schneiden. Ingwer mit Essig, Salz, Pfeffer, den fein gehackten Estragonblättern und einer Prise Zucker verrühren. Die Tomatenstücke dazugeben, Öl beimischen.

Radieschen waschen und in dünne Scheiben schneiden. Champignons ebenfalls waschen, trocken tupfen und in feine Scheiben schneiden, mit Zitronensaft beträufeln. Beides auf Tellern anrichten, die Sauce dazugeben.

Möhrensalat mit Ingwer

Saft von 4 Orangen
4 EL Weinessig
Salz
Pfeffer
2 TL süßer Senf
1 TL frisch geriebener Ingwer
6 EL Sonnenblumenöl
4 hart gekochte Eier
1 kg Möhren
200 g Feldsalat
8 EL Kürbiskerne

Orangensaft mit Essig, Salz, Pfeffer, Senf und Ingwer verrühren. Öl dazugeben. Eier in feine Stücke hacken und unterrühren. Möhren waschen, schälen, fein reiben und in die Sauce geben. Feldsalat putzen, waschen und auf die Sauce geben. Erst kurz vor dem Verzehr den Salat mit der Sauce mischen und die Kürbiskerne darüber streuen.

Ingwer-Reis-Salat

300 g Naturreis
3 Orangen
2 Mangos
3 EL Weinessig
1 TL frisch geriebener Ingwer
Pfeffer
7 EL Olivenöl
3 kleine Zwiebeln
Salz
Paprikapulver

Reis garen und abkühlen lassen. Orangen schälen, und in Spalten teilen. Mangos schälen, Fruchtfleisch in kleine Stücke schneiden. Essig mit Ingwer und Pfeffer verrühren. Öl hinzugeben und verrühren. Zwiebeln schälen und in dünne Ringe schneiden.

Reis mit der Sauce vermischen. Salz und Paprika darüber streuen. Obst und Zwiebelringe dazugeben. Vor dem Verzehr mindestens eine halbe Stunde ziehen lassen.

Muschelsalat mit Ingwer

1 Dose Muscheln (500 g)
4 EL Olivenöl
2 TL Zitronensaft
1 TL frisch geriebener Ingwer
1 TL Zitronenmelisse
300 g Möhren
3 kleine Zwiebeln

Muscheln mit etwas Öl 2 - 3 Minuten braten. Restliches Öl, Zitronensaft und Ingwer mit dem Schneebesen vermischen. Fein gehackte Zitronenmelisse unter die Sauce geben. Möhren schälen und in dünne Scheiben schneiden. Zwiebeln schälen und würfeln. Muscheln und Gemüse auf Tellern anrichten und mit der Sauce übergießen.

Grüner Salat mit Ingwer

1 großer Eisbergsalat
½ Salatgurke
1 Bund Radieschen
1 Bund Dill
1 Becher Jogurt
2 EL Öl
1 TL Essig
1 TL frisch geriebener Ingwer
Salz
Pfeffer
5 hart gekochte Eier

Salat klein schneiden und abspülen, gut trocken schleudern. Gurke schälen und würfeln. Radieschen putzen, waschen und in dünne Scheiben schneiden. Beides mit dem Salat in einer Schüssel mischen. Dill abspülen, trocken tupfen und klein hacken, mit dem Jogurt verrühren. Öl, Essig und Ingwer untermischen. Mit Salz und Pfeffer abschmecken. Salat mit geviertelten Eiern auf Tellern anrichten. Dressing dazugeben.

Reissalat Lukull

200 g Langkorn- & Wildreis
300 g grüner Spargel
150 g Räucherlachs
2 unbehandelte Limonen
2 rote Zwiebeln
2 Tomaten

Für das Dressing:
4 EL Öl
2 EL Balsamico
grober Pfeffer
Salz
1 TL Zucker
1 Messerspitze Ingwerpulver

Reis nach Packungsanweisung garen. Spargel in Salzwasser ca. 5 Minuten blanchieren und in 2 cm lange Stücke schneiden. Lachs in feine Streifen schneiden. Limonen heiß abwaschen, von einer Limone mit einem Juliennemesser feine Streifen abziehen. Die zweite in dünne Scheiben schneiden. Zwiebeln abziehen und fein würfeln. Tomaten waschen, halbieren, Stielansätze und Kerne entfernen und das Fruchtfleisch würfeln.

Alle Salatzutaten, bis auf einige Spargelstücke und die Limonenscheiben zum Garnieren, vorsichtig miteinander vermengen. Für das Dressing Öl und Essig verrühren und mit Pfeffer, Salz, Zucker und Ingwer abschmecken. Das Dressing über den Salat geben, unterheben und eine halbe Stunde ziehen lassen. Reissalat dekorativ auf Tellern oder auf großen Salatblättern anrichten und mit Spargelstücken und Limonenscheiben garnieren.

Ananassalat mit Ingwer

1 TL frisch geriebener Ingwer
75 g gehackte Haselnüsse
50 g Rosinen
500 g Quark
Salz
Pfeffer
200 g frische Ananas
1/2 Bund Schnittlauch

Ingwer, Haselnüsse und Rosinen mit Quark vermischen. Mit Salz und Pfeffer würzen. Ananas klein schneiden, auf Teller verteilen und die Quarkmischung darüber geben. Schnittlauch in kleine Röllchen schneiden und den Salat damit garnieren.

150 g Feldsalat
1 EL Rotwein- oder Sherryessig
4 EL Olivenöl
Salz
Pfeffer aus der Mühle
80 g Walnusskerne
150 g Frischkäsezubereitung
150 g Crème fraîche
1/2 TL frisch geriebener Ingwer
100 g Kirschtomaten
1/2 Baguette

Feldsalat mit Ingwer

Feldsalat putzen, waschen und gut trocken schütteln, Aus Essig, 2 EL Olivenöl, Salz und Pfeffer eine Sauce rühren. Walnusskerne in einer Pfanne ohne Fett rösten. Käse und Crème fraîche mit Salz und Pfeffer würzen, Ingwer dazugeben, gut mischen und in Häufchen auf die Teller setzen, mit dem restlichen Olivenöl beträufeln. Walnusskerne darüber streuen. Tomaten waschen und halbieren. Feldsalat mit der vorbereiteten Sauce mischen und auf die Teller verteilen, mit den Tomaten garnieren.

Baguette in dünne Scheiben schneiden, rösten und dazu servieren.

Gemüsegerichte

Asiaröllchen

2 Eier
6 EL Speiseöl
Salz
125 g Mehl
2 rote Paprikaschoten
1 Möhre
2 Gläser Bohnenkeime (à 350 g)
1 Dose Bambussprossen
½ Packung Schwarze Pilze (12,5 g) aus dem Asien-Laden
1 Knoblauchzehe
2 Zwiebeln
1 TL frisch gemahlener Ingwer
3 EL Sherryessig
½ TL Zucker
Salz
Pfeffer
1 EL Sojasoße pikant
2 Msp. Sambal Oelek
1 Romana-Salat
4 EL Erdnussöl

Eier mit 2 EL Öl und 300 ml kaltem Wasser verrühren. Salz und Mehl zugeben und alles zu einem glatten Teig verarbeiten, 30 Minuten ruhen lassen.
2 EL Öl in einer beschichteten Pfanne erhitzen, nacheinander 8 dünne Pfannkuchen backen und warm stellen.
Paprikaschoten halbieren, Stielansätze, weiße Innenhäute und Kerne entfernen, Möhre waschen und schälen, beides in feine Streifen schneiden. Bohnenkeime und Bambussprossen abtropfen lassen. Schwarze Pilze in warmem Wasser ca. 15 Minuten quellen lassen, ausdrücken und klein schneiden. Knoblauchzehe und Zwiebeln abziehen, Knoblauch zerdrücken, Zwiebeln würfeln.
Restliches Öl erhitzen, Knoblauch, Zwiebeln und Ingwer darin dünsten. Jeweils die Hälfte der Paprikastreifen, Bohnenkeime und Bambussprossen zugeben und kurz mitdünsten. Mit 1 EL Sherryessig, Zucker, Salz, Pfeffer, Sojasoße und 1 Msp. Sambal Oelek würzen.
Salat putzen, waschen, abtropfen lassen und in feine Streifen schneiden. Pfannkuchen mit Salatstreifen und der Gemüsemischung belegen, aufrollen.
Für den Salat Möhrenstreifen mit restlichen Paprikastreifen, Bohnenkeimen und Bambussprossen vermischen. Erdnussöl mit restlichem Essig, Salz, Pfeffer und Sambal Oelek verrühren und über den Salat geben.
Asiaröllchen mit dem Blattsalat anrichten.

1 Dose Bambussprossen
1 Knoblauchzehe
1 Zwiebel
1 EL Speiseöl
20 g frisch geriebener Ingwer
2 EL Sojasoße pikant
4 cl Sherry
1/4 l Brühe
500 g grüne Bohnen
Salz
250 g Mie-Hoen-Reisnudeln
100 g Mandelblättchen

Frittierte Bohnen mit Ingwer

Bambussprossen abtropfen lassen. Knoblauch und Zwiebel abziehen und fein würfeln. Öl in einer Pfanne erhitzen, Bambussprossen, Knoblauch, Zwiebel und Ingwer darin anbraten. Mit Sojasoße, Sherry und Brühe ablöschen.

Grüne Bohnen putzen, abfädeln und waschen. Bohnen bei 160 Grad ca. 2 Minuten frittieren und mit Salz würzen. Reisnudeln nach Packungsanweisung zubereiten. Mandelblättchen in einer Pfanne ohne Fett rösten. Gemüse auf den Reisnudeln anrichten und mit gerösteten Mandelblättchen bestreut servieren.

5 g Schwarze Pilze
1 rote Paprikaschote
1 kleine rote Chilischote
2 Lauchzwiebeln
1/2 Dose Bambussprossen (115 g)
2 EL Speiseöl
2 EL Sojasoße pikant
1 Messerspitze Ingwerpulver
1/2 Packung (50 g) Kroepoek

Gemüsewürfel auf Krabbenbrot

Schwarze Pilze in warmem Wasser 15 Minuten quellen lassen, gut abspülen und in feine Stücke schneiden. Paprikaschoten und Chilischote halbieren, putzen, waschen und in feine Würfel schneiden. Lauchzwiebeln putzen, waschen und fein würfeln. Bambussprossen abtropfen lassen und in feine Streifen schneiden. Öl erhitzen und Pilze, Paprikaschoten, Chilischoten, Lauchzwiebeln und Bambussprossen ca. 5 Minuten anbraten. Mit Sojasoße und Ingwerpulver würzen. Kroepoek auf eine Platte legen. Gemüsemischung auf die Krabbenbrote verteilen und sofort servieren.

Indisches Kartoffel-Blumenkohl-Curry

1 kleiner Blumenkohl
5 fest kochende Kartoffeln
2 mittelgroße Zwiebeln
200 g kleine Tomaten
1 ganze Chilischote
6 EL Speiseöl
4 TL indische Würzmischung
1 Prise frisch gemahlener Ingwer
2 TL Paprikapulver, edelsüß
200 g Erbsen (tiefgekühlt)
125 g Crème fraîche
Salz

Blumenkohl putzen, waschen und in Röschen teilen. Kartoffeln schälen, waschen und vierteln. Zwiebeln abziehen und fein hacken. Tomaten waschen, vierteln und vom Stielansatz befreien. Chilischote halbieren, entkernen und im Mörser fein zermahlen. Öl in einem Topf erhitzen, Chili darin mit 3 TL indischer Würzmischung und Zwiebeln bei mittlerer Hitze unter ständigem Rühren vorsichtig anbraten, bis die Zwiebeln dunkelbraun sind. Kartoffelwürfel und Blumenkohlröschen hinzufügen und bei mittlerer Hitze unter Rühren etwa 3 Minuten anbraten. Ingwer und Paprikapulver dazugeben und alles 3 - 4 Minuten garen. Tomaten, Erbsen und Crème fraîche zugeben, gut verrühren. 1/4 l Wasser und Salz hinzufügen. Das Gericht bei mittlerer Hitze etwa 20 Minuten zugedeckt kochen lassen, hin und wieder umrühren. Vor dem Servieren mit der restlichen Würzmischung bestreuen.

Chinaröllchen mit Ingwer

20 kleine Frühlingsrollen (tiefgekühlt)

Für den süß-sauren Dip:
2 EL Essig
2 EL Zucker
1 EL Ketschup
2 TL Sojasoße
2 EL Speiseöl
2 Knoblauchzehen
1 Stück frischer Ingwer (1 - 2 cm)
1 TL Speisestärke
China-Würzmischung

Frühlingsrollen im Backofen garen. Für den Dip Essig, Zucker, Ketschup, Sojasoße und 100 ml Wasser verrühren. Speiseöl in einer Pfanne erhitzen. Knoblauchzehen abziehen, Ingwer schälen und beides sehr fein hacken, in der Pfanne kurz rösten. Die angerührte Mischung hinzufügen und kurz erhitzen. Speisestärke mit 1 EL Wasser anrühren, dazugeben und aufkochen lassen. Die Frühlingsrollen mit China-Würzmischung bestreuen und mit der warmen Sauce servieren. Nach Belieben verschiedene Garnituren aus Paprikaschoten schneiden und die Chinaröllchen damit dekorieren.

Ingwer-Zwiebel-Spinat

1 mittelgroßes Stück Ingwer
1 Knoblauchzehe
2 mittelgroße Zwiebeln
4 EL Olivenöl
½ TL Kurkuma (gemahlen)
1 TL Kümmel (gemahlen)
½ TL Chilipulver
1 TL Koriander (gemahlen)
500 g Spinat (tiefgekühlt)
Salz
125 ml Sahne

Den Ingwer fein reiben. Die Knoblauchzehe pellen und durch die Presse drücken. Zwiebeln schälen und in Ringe schneiden. Olivenöl in einem Topf erhitzen, Ingwer, Knoblauch und Zwiebeln darin anbraten, bis die Zwiebeln goldbraun sind. Gewürze zugeben, 1 Minute weiterbraten. Spinat dazugeben, 15 Minuten bei mittlerer Hitze garen, salzen. Zum Schluss die Sahne hinzufügen, kurz erhitzen und servieren.

Spinat-Cannelloni

(für 4 - 6 Personen)

450 g Blattspinat (tiefgekühlt)
200 g Crème fraîche
2 Eigelb
100 g frisch geriebener Parmesan
2 kleine Knoblauchzehen
Salz
Pfeffer aus der Mühle
150 g Cannelloni (16 Stück)
40 g Margarine
25 g Mehl
1/2 l Milch
1 Lorbeerblatt
2 Zwiebeln
100 ml Sahne
1 Prise Muskatnuss
1 TL frisch geriebener Ingwer
2 rote Paprikaschoten
1 EL Olivenöl
1 TL Zucker
1 EL Tomatenmark
100 ml Brühe
300 g passierte Tomaten

Spinat auftauen, gut ausdrücken und grob hacken. Crème fraîche, Spinat, Eigelb, 50 g Parmesan und 1 durchgepresste Knoblauchzehe vermengen, mit Salz und Pfeffer abschmecken und in die Cannelloni füllen. Für die Sauce 20 g Margarine zerlassen, Mehl einrühren, Milch dazugeben und aufkochen. Lorbeerblatt, eine geschälte Zwiebel und Sahne 20 Minuten unter Rühren mitköcheln lassen. Zwiebel entfernen, Sauce mit Salz und Muskat abschmecken, Ingwer einrühren.

Backofen auf 200° C vorheizen. Ein Drittel der Sauce in eine Auflaufform geben, die gefüllten Cannelloni hineinlegen und mit dem Rest der Sauce auffüllen. Restlichen Parmesan darüber streuen, restliche Margarine in Flöckchen darauf geben und ca. 40 Minuten im Backofen backen. Paprikaschoten halbieren, Stielansätze, weiße Innenhäute und Kerne entfernen, waschen und würfeln, mit dem restlichen durchgepressten Knoblauch und gewürfelter Zwiebel im Olivenöl anbraten, Zucker, Tomatenmark, Brühe und Tomaten dazugeben und eine halbe Stunde köcheln lassen. Sauce zu den Cannelloni servieren.

Bandnudeln in Champignoncreme

1 Zwiebel
1 TL Margarine
400 ml heiße Hühnerbrühe
150 ml Sahne
125 g Crème fraîche
1 TL frisch geriebener Ingwer
Salz
1 EL Zitronensaft
500 g kleine frische Champignons
1 EL Olivenöl
400 g Bandnudeln
50 g frisch geriebener Parmesan

Zwiebel pellen, fein würfeln und in Margarine anschwitzen. Mit der Hühnerbrühe ablöschen und auf etwa ein Viertel einkochen lassen. Sahne und Crème fraîche dazugeben, Ingwer einrühren, weitere 10 Minuten köcheln lassen und mit Salz und etwas Zitronensaft abschmecken.

Champignons putzen. Olivenöl in einer Pfanne erhitzen, Pilze 2 - 3 Minuten braten, salzen und den restlichen Zitronensaft dazugeben.

Bandnudeln in reichlich kochendem Salzwasser bissfest garen, abgießen und auf Tellern anrichten. Sauce und Pilze darüber geben und mit Parmesan servieren.

Indonesische Pfannkuchen mit Ingwer

3 Frühlingszwiebeln
1 Knoblauchzehe
1 Ei
1 kleine Dose Mais
150 g geröstete Erdnüsse
2 TL frischer geraspelter Ingwer
1 TL Kümmel (gemahlen)
2 EL Reismehl
125 ml Erdnussöl

Frühlingszwiebeln putzen und in Streifen schneiden. Knoblauchzehe pellen und durch die Presse drücken, das Ei verquirlen. Mais in einem Sieb abtropfen lassen, im Mixer mit Erdnüssen, Zwiebeln, Ingwer, Knoblauch und Kümmel pürieren und in eine Schüssel geben. Ei und Reismehl zugeben, verrühren.

Öl in einer Pfanne erhitzen, kleine, flache Plätzchen aus der Masse formen und von beiden Seiten goldbraun braten.

Brokkoli-Torte

1 Packung Blätterteig (tiefgekühlt, 230 g)
300 g Brokkoli (tiefgekühlt)
100 g gekochter Schinken in Würfeln
6 Eier
1 Dose Brokkoli-Cremesuppe
1 TL frisch geriebener Ingwer
Salz
Muskat

Backofen auf 200° C vorheizen. Aufgetauten Teig in eine gefettete Springform legen. Den aufgetauten Brokkoli und den gewürfelten Schinken darauf verteilen. Eier verquirlen, Brokkoli-Cremesuppe gleichmäßig unterrühren, Ingwer ein- streuen. Mit den Gewürzen abschmecken und gleichmäßig über die Füllung gießen. Im Backofen 40 Minuten backen. Dazu schmeckt ein gemischter Salat.

Zucchini-Kartoffel-Gemüse mit Ingwer

1 Stück frischer Ingwer (3 cm)
2 frische Chilischoten
300 g Kartoffeln
300 g Zucchini
5 EL Sesamöl
1 TL Paprikapulver, edelsüß
1/4 TL Chilipulver
1 TL Kurkuma (gemahlen)
Salz
400 ml heißes Wasser

Ingwer schälen und fein reiben. Die Chilischoten halbieren, Kerne entfernen, waschen und in kleine Stücke schneiden. Kartoffeln waschen, schälen und in Würfel schneiden. Zucchini waschen und in Scheiben schneiden. Sesamöl in einem Topf erhitzen, Kartoffeln und Zucchini darin 5 Minuten braten. Die restlichen Zutaten beigeben und so lange braten, bis die Gewürze hellbraun sind. 400 ml heißes Wasser angießen und unter Rühren aufkochen lassen. Weitergaren, bis die Kartoffeln weich sind.

Ingwer-Chutney

1 scharfe Chilischote
1 Knoblauchzehe
5 kleine Zwiebeln
40 g Pfefferminzblätter
125 ml Obstessig
Salz
1 TL Zucker
100 g kandierter Ingwer
2 TL frisch geriebener Ingwer

Chilischote halbieren, Kerne entfernen und fein hacken. Knoblauchzehe pellen und durch die Presse drücken. Zwiebeln schälen und klein würfeln. Pfefferminzblätter waschen, trocken tupfen und fein hacken. Blätter mit Essig, Salz, Zucker und Chili mischen. Den kandierten Ingwer würfeln, mit dem frischen Ingwer und dem Knoblauch unter den Brei rühren. Die Zwiebeln zugeben.

Curry-Gemüse mit Ingwer

2 große Kartoffeln
1 kleine Aubergine
1 Möhre
1 mittelgroße Zwiebel
2 Knoblauchzehen
2 EL Erdnussöl
2 TL frisch geriebener Ingwer
2 TL Currypulver
½ TL Garnelenpaste
1 EL Zitronensaft
¼ l Wasser
¼ l Kokosmilch
200 g Chinakohl
200 g Zuckererbsen

Kartoffeln und Aubergine schälen und würfeln. Möhre schälen und in feine Streifen schneiden. Zwiebel schälen und achteln. Knoblauchzehen pellen und durch die Presse drücken. Öl in einem Topf erhitzen, Zwiebeln hineingeben, unter Rühren anbraten. Ingwer, Currypulver und Knoblauch dazugeben, 2 Minuten braten, umrühren. Garnelenpaste, Zitronensaft, Wasser und Kokosmilch hinzufügen. Gut durchkochen. Kartoffeln und Auberginen dazugeben und bei kleiner Hitze 15 Minuten köcheln lassen. Kohl putzen und klein schneiden. Erbsen, Kohl und Möhre zusammen in den Topf geben und weitere 5 Minuten köcheln lassen.

Bunte Gemüsetorte

300 g Blätterteigplatten, tiefgekühlt
500 g Brokkoli
500 g Blumenkohl
250 g Möhren
Salz
250 g Crème fraîche
150 g Sahne
4 Eier
½ TL Ingwerpulver
1 EL geriebene Mandeln
Salz
Pfeffer
Muskat
200 g geriebener Emmentaler

Backofen auf 175° C vorheizen. Blätterteigplatten nebeneinander auf ein Blech legen und auftauen lassen. Brokkoli und Blumenkohl putzen, in Röschen teilen, waschen. Möhren schälen und in dicke Scheiben schneiden. Das Gemüse nacheinander in Salzwasser knapp gar kochen, kalt abschrecken und abtropfen lassen.

Für den Guss Crème fraîche, Sahne, Eier, Ingwer und Mandeln verquirlen und mit Salz, Pfeffer und Muskat abschmecken. Blätterteigplatten übereinander legen, rund ausrollen und damit eine gefettete Springform auskleiden. Gemüse dicht darauf verteilen, den Guss darauf geben, Käse darüber streuen. Im Backofen ca. 60 Minuten backen und warm servieren.

Fleischgerichte

1 Ente (ca. 2 kg)
2 EL schwarze Pfefferkörner
5 Schalotten
40 g frischer Ingwer
5 EL Sojasoße pikant
2 Msp. Koriander (gemahlen)
2 Msp. Kümmel (gemahlen)
200 g Basmati- & Thai-Reis
2 Gläser (à 350 g)
Gemüsepfanne „Curry“
20 g geröstete Sesamsamen

Huan-Ente

Ente innen und außen waschen, mit Küchenkrepp trocken tupfen. Pfefferkörner in einem Wok unter ständigem Rühren rösten und anschließend zerstoßen. Schalotten abziehen und würfeln. Ingwer schälen, fein reiben und mit Pfeffer, Schalotten, Sojasoße, Koriander und Kümmel mischen.

Ente mit der Gewürzmischung innen und außen einreiben, in eine Schüssel legen, abdecken und ca. 6 Stunden kalt stellen. Backofen auf 200° C vorheizen. Ente auf einen Rost legen und über einer mit Wasser gefüllten Fettpfanne ca. 90 Minuten braten. Nach der Hälfte der Bratzeit Ente mit entstandenem Bratfond übergießen.

Reis nach Packungsanweisung garen. Gemüsepfanne „Curry“ unter Rühren erhitzen und mit dem Reis zur Ente servieren. Reis mit Sesamsamen bestreuen.

Gans Shanghai

(für 6 - 8 Personen)

2 große Äpfel
4 mittelgroße Möhren
2 Dosen (à 565 g) Lychees
30 g frischer Ingwer
Salz
Pfeffer
½ TL Anis
3 EL Sojasoße pikant
1 unbehandelte Orange
1 Gans (küchenfertig, ca. 4 kg)
7 EL Öl
1 EL Honig
½ TL Currypulver
½ TL Paprikapulver, edelsüß
2 Packungen Eiernudeln
1 Bund Frühlingszwiebeln
1 EL Butter
2 Eier

Äpfel waschen, schälen, halbieren und entkernen. Möhren putzen, ebenfalls schälen und zusammen mit den Äpfeln in Scheiben schneiden. Lychees abtropfen lassen und dazugeben. Ingwer schälen und fein würfeln. Alles mischen und mit Salz, Pfeffer, Anis und Sojasoße abschmecken. Orangenschale dünn abschneiden, anschließend in feine Streifen schneiden und unter die Füllung mischen.

Backofen auf 160° C vorheizen. Gans unter fließend kaltem Wasser abspülen, trocken tupfen, die Füllung hineingeben und mit Holzspießen zustecken. 4 EL Öl, Honig, Salz, Pfeffer, Curry und Paprikapulver verrühren und die Gans damit bepinseln. Im Backofen ca. 3 ½ Stunden braten und dabei gelegentlich begießen.

Eiernudeln in reichlich kochendem Salzwasser garen, abgießen und warm stellen. Frühlingszwiebeln putzen, waschen und in Ringe schneiden. Restliches Öl und Butter erhitzen, Nudeln, Frühlingszwiebeln und verquirlte Eier hineingeben und ca. 5 Minuten unter Rühren braten, abschmecken und zur Gans servieren.

300 g Hähnchenbrust
6 EL Sojasoße mild
10 g schwarze Pilze
200 g grüner Spargel
100 g kleine braune Champignons
3 EL Butter
1 TL frischer geraspelter Ingwer
100 g grüne Erbsen
30 g Mehl
1/8 l Weißwein
250 g Sahne
350 g Bohnenkeimlinge
Salz
Pfeffer
Zucker

Hühnerfrikassee Suzi-Wan

Hähnchenbrust in Streifen schneiden und mit 4 EL Sojasoße zugedeckt im Kühlschrank 60 Minuten marinieren. Schwarze Pilze in warmem Wasser 15 Minuten einweichen. Spargel putzen, waschen und in mundgerechte Stücke schneiden. Champignons putzen und halbieren. 1 EL Butter in einer Pfanne erhitzen, Hähnchenbruststreifen darin rundherum anbraten, Spargelstücke zugeben und zugedeckt ca. 5 Minuten dünsten.

Schwarze Pilze ausdrücken, zerkleinern. Champignons, Ingwer und Erbsen in die Pfanne geben und kurz mit anschwitzen. Alles aus der Pfanne nehmen und beiseite stellen.

Restliche Butter in der Pfanne schmelzen, Mehl darüber stäuben und kurz anschwitzen, aber nicht bräunen. Mit Wein und Sahne unter ständigem Rühren ablöschen und ca. 10 Minuten bei schwacher Hitze köcheln lassen. Bohnenkeimlinge abtropfen lassen, mit Hähnchenbruststreifen und dem Gemüse dazugeben. Frikassee mit Salz, Pfeffer, Zucker und der restlichen Sojasoße abschmecken. Nach Belieben im Reisrand anrichten und mit Petersilie bestreut servieren.

Chinesische Hühnerpfanne

300 g Hähnchenbrustfilet
Salz
2 EL Sesamöl
75 g Cashewkerne
1 EL Speisestärke
1/2 TL frisch geriebener Ingwer
1 Dose chinesische Hühnersuppe
1/2 TL Sambal Oelek

Fleisch salzen, in Streifen schneiden und im heißen Sesamöl rundherum braun anbraten. Cashewkerne zufügen, ebenfalls leicht anrösten. Speisestärke und Ingwer mit der Hühnersuppe verrühren, zum Fleisch gießen und kurz aufkochen lassen. Mit Sambal Oelek abschmecken. Dazu passt Reis.

Hähnchenbrust mit Ingwer

100 g Frühstücksspeck
1 Bund Petersilie
3 Stiele Minze
4 EL Buttermilch
1 TL frisch geriebener Ingwer
250 g Frischkäsezubereitung mit Knoblauch
Salz
Pfeffer aus der Mühle
4 Hähnchenbrustfilets
12 süß-sauer eingelegte Zwiebeln
12 eingelegte Gurken
1 süß-sauer eingelegte Paprikaschote
4 eingelegte Blumenkohlröschen
1 hart gekochtes Ei
1 Prise Cayennepfeffer

Frühstücksspeck in Streifen schneiden und in einer Pfanne ohne Fett auslassen. Die Kräuter waschen, trocken tupfen und fein hacken. Die Hälfte der Petersilie und Minze mit dem Frühstücksspeck, 2 EL Buttermilch, dem Ingwer und der Hälfte der Käsezubereitung mischen. Mit Salz und Pfeffer würzen.

Backofen auf 180° C vorheizen. Hähnchenbrustfilets mit der Kräutermasse bestreichen und in eine ofenfeste Form legen. Auf der mittleren Einschubleiste ca. 20 Minuten backen.

Zwiebeln, Essiggurken, Paprikaschoten und Blumenkohl abtropfen lassen. Das Gemüse mit restlicher Petersilie, dem übrigen Frischkäse, Buttermilch und dem Ei pürieren. Mit Salz und Cayennepfeffer kräftig abschmecken. Ca. 15 Minuten ziehen lassen. Die Hähnchenbrustfilets mit der Salsa auf Tellern anrichten und servieren.

Poularde mit Apfelfüllung

1 Poularde (1500 g)
Salz · Pfeffer
2 EL Butter
¼ l heiße Hühnerbrühe
2 TL Speisestärke
4 EL Crème fraîche

Für die Füllung:
2 mittelgroße saftige Äpfel (400 g)
3 EL Mandelstifte
100 g zerkrümeltes Schwarzbrot
200 g Bratwurstbrät
100 g Preiselbeerkompott
½ TL frisch geriebener Ingwer
1 EL gehackte Petersilie
1 Prise Zimt
Salz · Pfeffer

Poularde waschen, mit Küchenkrepp trocken tupfen, innen und außen mit Salz und Pfeffer einreiben.

Für die Füllung die Äpfel schälen und raspeln, mit Mandelstiften, zerkrümeltem Schwarzbrot, Brät, Preiselbeeren, Ingwer und Petersilie vermischen, mit Zimt, Salz und Pfeffer abschmecken. Die Poularde damit füllen, die Öffnung mit Holzspießchen schließen.

Backofen auf 200° C vorheizen, Poularde mit der Butter bestreichen, im Backofen bei 60 Minuten braten, mit der Brühe begießen, weitere 10 Minuten braten. Speisestärke mit Crème fraîche verrühren, den Bratfond damit binden. Mit der tranchierten Poularde servieren.

Gebratene Hähnchenkeule mit Bananen-Ingwer-Gemüse

(für 1 Person)

1 Hähnchenkeule
10 g Butter
150 g Möhre
50 g Lauch
Salz
1 Prise Ingwerpulver
1 Banane

Hähnchenkeule in 5 g Butter rundherum anbraten, 15 bis 20 Minuten bei mäßiger Hitze halb zugedeckt weiterbraten. Eventuell etwas Wasser angießen. Möhren waschen und in dünne Stifte, den Lauch in feine Ringe schneiden, beides in der restlichen Butter 10 Minuten dünsten. Mit Salz und Ingwerpulver würzen. Banane in Scheiben schneiden und unter das Gemüse mischen, zusammen mit der Hähnchenkeule anrichten.

Curry-Hähnchen thailändisch

2 EL Öl und Sojasoße mischen, die Hähnchenbrust 30 Minuten darin marinieren.

Zwiebel und Knoblauch schälen und klein schneiden. Paprikaschote halbieren, Stielansätze, weiße Innenhäute und Kerne entfernen, waschen und in Streifen schneiden. Möhren schälen und in Scheiben schneiden. Aubergine putzen und in Scheiben schneiden, Kartoffeln grob würfeln. Chilischoten halbieren, Stielansätze und Kerne herauslösen, waschen und würfeln.

Reis nach Packungsanweisung garen. Inzwischen restliches Öl in einer Pfanne erhitzen, Zwiebel, Knoblauch, Chilischote und Ingwer darin anbraten. Fleisch in der Pfanne 3 Minuten mitbraten, herausnehmen. Kokosmilch in der Pfanne kurz aufkochen, Currypaste und Fischsoße unterrühren. Fleisch und Gemüse in die Pfanne geben und alles 15 Minuten bei schwacher Hitze köcheln lassen. Mit Zitronensaft, Salz und Pfeffer würzen.

Mit Zitronengras und Basilikum garnieren. Mit dem Reis servieren.

5 EL Sesamöl
1 EL Sojasoße
200 g Hähnchenbrust
500 g Langkorn-Reis
1/2 Zwiebel
1 Knoblauchzehe
1 rote Paprikaschote
2 Möhren
1 Aubergine
2 gekochte Kartoffeln
2 Chilischoten
1 TL frischer geriebener Ingwer
1 Dose Kokosmilch
1 TL Currypaste
2 EL Fischsoße
2 EL Zitronensaft
Salz
Pfeffer aus der Mühle
1 Bund Zitronengras
1 Bund Basilikum

1 Bund Frühlingszwiebeln
1 Bund Petersilie
2 Zweige Thymian
1 Knoblauchzehe
1 großes Huhn, zerteilt
75 ml Limonensaft
½ EL schwarzer Pfeffer aus der Mühle
½ EL Salz
1 große Fleischtomate
1 EL Kapern
2 EL grüne Oliven ohne Kerne
1 TL frisch geriebener Ingwer
1 kleine Zwiebel
2 EL Olivenöl
200 g Tomatenpüree
75 ml trockener Weißwein
einige Avocadoscheiben zum Garnieren

Jamaikanisches Hühnerfrikassee

Frühlingszwiebeln putzen und klein schneiden, Petersilie waschen, trocken tupfen und fein schneiden. Thymiannadeln von den Zweigen zupfen. Knoblauch schälen und zerdrücken. Hühnerteile mit Limonensaft, Pfeffer, Salz, Frühlingszwiebeln, Petersilie, Thymian und Knoblauch 30 Minuten lang marinieren.

Tomate, Kapern, Oliven und Ingwer pürieren. Zwiebel schälen und fein hacken. Öl in einer Pfanne erhitzen, Hühnerteile darin mit der Zwiebel anbraten, Marinade und Tomaten-Oliven-Mischung sowie so viel Wasser zufügen, dass das Fleisch gut bedeckt ist. Bei mittlerer Hitze 20 Minuten lang köcheln lassen. Tomatenpüree, Wein und eine halbe Tasse Wasser zugießen und umrühren. Bei kleiner Hitze 2 Stunden lang köcheln lassen.

Hühnerteile aus der Sauce nehmen und Haut und Knochen entfernen. Das Fleisch zurück in die Sauce geben, noch einmal kurz erwärmen, mit Avocadoscheiben garniert servieren. Dazu passt Reis.

Gebratenes Ingwerhuhn karibisch

1 Knoblauchzehe
1 Zwiebel
2 EL frisch geriebener Ingwer
100 ml Limonensaft
1 großes Huhn (küchenfertig)
2 EL Butter
1 TL Salz
1 TL schwarzer Pfeffer aus der Mühle
2 EL Mango-Chutney
1 TL Stärke

Knoblauchzehe pellen und zerdrücken, Zwiebel schälen und fein hacken. Aus Ingwer, Knoblauch, Zwiebel und Limonensaft eine Paste rühren und das Huhn damit einreiben, zugedeckt 1 Stunde kalt stellen.

Backofen auf 220° C vorheizen. Butter schmelzen, die Marinade, die vom Huhn abgetropft ist, unterrühren. Huhn mit Salz und Pfeffer würzen, in eine Bratform legen und die Buttermischung darüber gießen. 75 Minuten im Backofen braten. Das Huhn aus der Form nehmen und das Mango-Chutney in den Bratensaft einrühren. Bei kleiner Hitze 5 Minuten lang köcheln lassen. Stärke in 1 EL Wasser auflösen und die Sauce damit binden. Huhn tranchieren und mit der Sauce anrichten.

Karibisches Ingwer-Sherry-Huhn

2 EL Olivenöl
1 großes zerkleinertes Huhn
1 Knoblauchzehe
2 Stangen Staudensellerie
2 Möhren
2 Fleischtomaten
2 EL frisch geriebener Ingwer
2 Lorbeerblätter
1 TL Salz
1 TL schwarzer Pfeffer aus der Mühle
200 ml trockener Sherry
400 ml heißes Wasser
5 Kartoffeln

Olivenöl in einer Bratform erhitzen und die Hühnerteile ca. 10 Minuten darin bräunen. Knoblauch pellen und durch die Presse drücken, zum Huhn geben und kurz mitbraten. Sellerie putzen und fein hacken, Möhren und Tomaten waschen und in Scheiben schneiden. Gemüse mit allen übrigen Zutaten (außer Kartoffeln) in die Bratform geben und zum Kochen bringen. Kartoffeln waschen, schälen und in Scheiben schneiden. In die Form geben und bei mittlerer Hitze 20 Minuten lang weiterköcheln. Dazu passt Reis.

5 EL Limonensaft
4 EL Zitronensaft
150 ml Fruchtlikör
1 kg Putenbrust
75 g Rosinen
2 Bund Frühlingszwiebeln
1 Knoblauchzehe
50 g Butter
1 TL frisch geriebener Ingwer
abgeriebene Schale einer unbehandelten Limone
200 g Ananas in Würfeln
2 TL Worcestershiresoße
1/2 TL Zimt
1 TL Salz

Putenbrust jamaikanisch

Limonen- und Zitronensaft mit 100 ml Likör mischen. Putenbrust damit einreiben. Im restlichen Likör die Rosinen einweichen. Frühlingszwiebeln putzen und klein schneiden. Knoblauch pellen und durch die Presse drücken.

Backofen auf 200° C vorheizen. Butter zum Schmelzen bringen und die Putenbrust mit den Zwiebeln und Knoblauch leicht darin anbraten und in eine Bratform legen. Die restlichen Zutaten mit den Gewürzen unter die Marinade mischen und über das Fleisch gießen.

Im Backofen 45 Minuten backen. Zum Servieren die Putenbrust in Scheiben schneiden und mit der Sauce anrichten. Dazu passt Reis.

Perlhuhn mit Ingwer und Kümmel

1 Perlhuhn (küchenfertig)
1 große Ingwerknolle
Pfeffer
Salz
1 EL Olivenöl
1 Zwiebel
1 Knoblauchzehe
½ l heiße Gemüsebrühe
2 Würfel brauner Zucker
1 Chilischote
1 TL Kümmel (gemahlen)
1 Stange Lauch
Schale einer halben unbehandelten Orange
1 TL Sambal Oelek
2 EL Balsamico

Perlhuhn zerteilen. Ingwerknolle schälen und in feine Scheiben schneiden. Scheiben unter die Hühnerhaut an Keulen und Brust schieben. Pfeffern und salzen. Olivenöl in einer Pfanne erhitzen, Perlhuhnteile darin anbraten. Zwiebel schälen und fein schneiden, Knoblauchzehe pellen und in Scheiben schneiden, beides dazugeben und anbräunen. Bei leichter Hitze garen und mit ¼ l Gemüsebrühe begießen. Zucker zerstoßen und beimischen.

Chilischote halbieren, entkernen, waschen und würfeln und zusammen mit dem Kümmel untermischen. 30 Minuten garen, dann die Perlhuhnteile aus der Pfanne nehmen. Übrige Gemüsebrühe in die Pfanne geben, Temperatur reduzieren. Lauch putzen und in feine Ringe schneiden und zusammen mit den Perlhuhnteilen in die Pfanne zurück geben. Orangenschale in sehr feine Streifen schneiden. Dann zusammen mit Sambal Oelek und Balsamico untermischen, kurz aufkochen lassen.

Perlhuhn mit der Sauce anrichten.

600 g Rinderfilet
1 Eiweiß
5 EL Sojasoße pikant
1 EL Reiswein
½ EL Stärkemehl
6 EL Erdnuss- oder Maiskeimöl
½ TL Sambal Oelek
Salz
16 Scampis
75 g Mie-Hoen-Reisnudeln
5 g frischer Ingwer
1 Frühlingszwiebel
1 rote Paprikaschote
1 grüne Paprikaschote
230 g Bambussprossen (a. d. Dose)
350 g Bohnenkeime (a .d. Glas)
1 EL Weinessig

Rinderfilets vom heißen Stein

Rinderfilet in Scheiben schneiden. Eiweiß leicht schlagen und mit 2 EL Sojasoße, Reiswein, Stärke, 2 EL Öl, Sambal Oelek und Salz gut verrühren. Die Scampis und das Fleisch getrennt je 30 Minuten darin marinieren.

Nudeln nach Packungsanweisung zubereiten, warm halten. Ingwer schälen, Frühlingszwiebeln putzen und beides in möglichst feine, ca. 4 cm lange Streifen schneiden. Mit 2 EL Öl in einem Topf dünsten, salzen und vom Herd nehmen. Die Nudeln mit in den Topf geben, mit 2 EL Sojasoße abschmecken und in eine Schüssel geben, warm stellen.

Für den Salat Paprikaschoten halbieren, Stielansätze, weiße Innenhäute und Kerne entfernen und in ca. 4 cm lange Streifen schneiden. Die Bambussprossen und Bohnenkeime abtropfen lassen. Das restliche Öl, Weinessig, restliche Sojasoße und Salz in einer Schüssel mischen, das vorbereitete Gemüse hinzugeben, gut durchrühren.

Rindfleisch und Scampis aus der Marinade nehmen, etwas abtropfen lassen und auf dem heißen Stein braten. Dazu gibt's als Sauce beispielsweise fernöstliches Ketschup oder eine süß-saure Sauce. Nudeln und Salat dazu reichen.

Spieße in Sesamkruste

(für 4 - 6 Personen)

500 g Rinderfilet
1 Knoblauchzehe
Salz
1 EL Zucker
30 g frisch geriebener Ingwer
2 EL Sojasoße pikant
2 EL Reiswein
250 g Patna-Spitzen-Langkorn-Reis
1 Stange Lauch
1 Stange Staudensellerie
1 Eiweiß
4 EL Sesamsamen
2 EL Speiseöl

Für den Salat:
1 rote Paprikaschote
1 gelbe Paprikaschote
230 g Bambussprossen (a. d. Dose)
2 EL Orangensaft
1 EL Sojasoße pikant
2 EL Essig
2 EL Sesamöl
4 EL Sonnenblumenöl
Salz
Pfeffer

Rinderfilet waschen, trocken tupfen und in dünne Scheiben schneiden. Knoblauchzehe abziehen und durch die Presse drücken. Aus Salz, Zucker, Ingwer, Knoblauch, Sojasoße und Reiswein eine Marinade mische, das Fleisch darin ca. 2 Stunden einlegen.

Reis nach Packungsanweisung garen. Warm stellen.

Lauch und Staudensellerie putzen, waschen und in Stücke schneiden. Abwechselnd Fleisch, Porree und Staudensellerie auf Spieße stecken. Diese erst in Eiweiß und dann in Sesam wenden und in heißem Öl knusprig braten.

Für den Salat Paprika halbieren, Stielansätze, weiße Innenhäute und Kerne entfernen, waschen und in Streifen schneiden. Bambussprossen auf einem Sieb abtropfen lassen. Die restlichen Zutaten zu einer Sauce verrühren und über das Gemüse geben. Abschmecken.

Spieße, Salat und Reis auf Tellern anrichten.

24 Cannelloni

Für die Hackfleischfüllung:
2 EL Speiseöl
100 g Hackfleisch
1 kleine Stange Porree
1 Möhre
175 g Bohnenkeime
(a. d. Glas)
2 EL Sojasoße pikant
1 Messerspitze Koriander
(gemahlen)
1 Messerspitze Ingwerpulver
1/2 TL Salz
2 Mandeln
2 Cashewkerne

Für die Tomatensoße:
1 Zwiebel
2 Dosen (à 340 g) passierte
Tomaten
2 EL fernöstliches Ketschup
1 TL Salz
1 Prise Koriander (gemahlen)
1 Prise Kümmel (gemahlen)
50 g fein geriebener Gouda

Chinesische Cannelloni mit Glücksfüllung

Cannelloni auf einem Sieb mit kochendem Wasser übergießen und nebeneinander auf eine Platte legen.

Für die Füllung Öl in einer Pfanne erhitzen, das Hackfleisch darin anbraten. Porree putzen, waschen und in feine Ringe schneiden. Möhre putzen und waschen und sehr fein würfeln. Bohnenkeime abtropfen lassen. Gemüse zum Hackfleisch geben und ca. 5 Minuten andünsten. Sojasoße hinzufügen und mit Koriander, Ingwerpulver und Salz abschmecken.

Mandeln überbrühen und häuten. Cannelloni vorsichtig füllen und Mandeln und Cashewkerne als Glücksfüllung in einzelne Cannelloni mit in die Füllung geben. Gefüllte Cannelloni nebeneinander in eine gefettete Auflaufform legen. Backofen auf 180° C vorheizen.

Für die Tomatensoße Zwiebel abziehen, fein hacken und mit den passierten Tomaten und fernöstlichem Ketschup mischen. Mit Salz, Koriander und Kümmel abschmecken. Tomatensoße über die Cannelloni in die Auflaufform geben und mit Gouda bestreuen. Im Backofen ca. 30 Minuten überbacken.

Auberginen-Auflauf

750 g Auberginen
Salz
2 Zwiebeln
1 Knoblauchzehe
600 g Lammhack
2 EL Olivenöl
1 TL frisch geriebener Ingwer
Pfeffer
Muskat
100 ml heiße Fleischbrühe
1 TL Oregano
500 g Fleischtomaten
Fett für die Form
150 g geriebener Emmentaler

Auberginen putzen, waschen und in 1 cm dicke Scheiben schneiden, diese mit Salz bestreuen und 45 Minuten lang ziehen lassen.

Zwiebeln und Knoblauch pellen und hacken. Olivenöl in einer Pfanne erhitzen, Lammhack darin anbraten, Zwiebeln, Knoblauch und Ingwer dazugeben und mitdünsten. Mit Salz, Pfeffer und Muskat abschmecken. Brühe und Oregano zufügen, alles 10 Minuten schmoren, nochmals abschmecken. Tomaten waschen und in Scheiben schneiden.

Backofen auf 180° C vorheizen. Auberginenscheiben abspülen, trocken tupfen und in eine gefettete, feuerfeste Form legen. Darauf die Hackmasse und darüber die Tomatenscheiben schichten. Den Käse darüber streuen. Auflauf ca. 60 Minuten backen.

200 g durchwachsener Speck
2 Zwiebeln
1 kleine rote Paprikaschote
1 Chilischote
370 g gewürfelte Tomatenstücke
1 TL frisch geraspelter Ingwer
1 EL Speisestärke
100 g Kidneybohnen (a. d. Dose)
100 g Gemüsemais
1 EL Tomatenmark
Salz
Zucker
Cayennepfeffer nach Geschmack
1 Packung Pizzateig (für 4 Personen)
1 kleines Ei

Chili-Calzonella

Speck würfeln und in einer Pfanne auslassen. Zwiebeln schälen und würfeln, zum Speck geben und glasig dünsten. Paprikaschote halbieren, Stielansatz, Kerne und weiße Innenhaut entfernen, waschen und fein würfeln. Chilischote halbieren, entkernen, waschen und sehr klein schneiden, beides kurz in der Pfanne mitrösten. Mit den Tomatenstücken und Ingwer aufgießen, leicht einkochen lassen. Speisestärke mit 1 EL Wasser anrühren und die Sauce damit binden. Bohnen und Mais kurz abspülen, abgetropft mit dem Tomatenmark unterheben. Mit den Gewürzen abschmecken.

Backofen auf 200° C vorheizen. Pizzateig in 8 Portionen teilen und zu Kugeln formen. Auf Mehl zu Fladen von ca. 16 cm Durchmesser ausrollen, auf ein mit Backpapier ausgelegtes Backblech legen und mit dem Chili füllen. Ei in einer Tasse verquirlen, den Teig an den Rändern damit bestreichen und zusammenklappen. Oberseite mit Ei bestreichen und mit einer Gabel vorsichtig einstechen. Im Backofen ca. 15 Minuten backen.

Ingwer-Schweinebraten

(für 4 - 6 Personen)

1,25 kg Schweinebraten mit Schwarte
8 EL Sojasoße pikant
Salz
1 TL Sambal Oelek
40 g frischer Ingwer
4 Knoblauchzehen
1 Bund junge Möhren
250 g Schalotten
200 g Shiitake-Pilze
350 g Chop Suey (a. d. Glas)

Die Schwarte des Bratens mit einem scharfen Messer kreuzweise einritzen. Die Hälfte der Sojasoße mit etwas Salz und Sambal Oelek verrühren, Braten damit rundherum bestreichen. Ingwer schälen, Knoblauchzehen abziehen, beides in feine Stifte schneiden und den Braten damit spicken.

Backofen auf 200° C vorheizen. Einen Bräter knapp 1 cm hoch mit kochend heißem Salzwasser füllen und Braten mit der Schwarte nach unten hineinlegen. Im Backofen ca. 30 Minuten braten. Wenden und weitere 15 Minuten backen.

Möhren schälen und waschen, Schalotten abziehen, Pilze putzen. Gemüse in den Bräter geben. Fleisch mit Bratensaft beträufeln und noch 45 Minuten garen. Chop Suey abtropfen lassen und kurz vor Ende der Garzeit zugeben.

Geschmortes Ingwer-Kaninchen

1 TL frisch geriebener Ingwer
1 Kaninchen (küchenfertig)
Salz
Pfeffer
4 EL Öl
1 Dose konzentrierte Jägersuppe
40 g frischer Ingwer
1 kleine Dose geschälte Tomaten
3 EL gehackte Petersilie

Kaninchen in 8 Stücke zerteilen, salzen, pfeffern und im heißen Öl anbraten. Jägersuppe mit einer Dose Wasser glatt rühren, Ingwer einrühren, mit den gut abgetropften Tomaten zum Fleisch geben. Alles 20 Minuten schmoren lassen und mit Petersilie bestreut servieren.

Kasseler mit Apfel-Tomaten-Chutney

3 mittelgroße Äpfel
400 g Tomatenstücke
200 ml Apfelsaft
50 ml Apfelessig
1 TL brauner Zucker
1 Prise gemahlene Nelken
1/2 TL Ingwerpulver
80 g Rosinen
600 g Kasseler ohne Knochen
4 TL abgeriebene Orangenschale

Äpfel schälen, vierteln, Kerngehäuse heraus schneiden und grob würfeln. Mit den Tomaten, dem Apfelsaft und -essig, Zucker, Nelken- und Ingwerpulver und den Rosinen vermischen. Die Hälfte davon in eine Auflaufform geben, das in Scheiben geschnittene Kasseler darauf legen, die zweite Hälfte der Mischung darauf verteilen. Abgeriebene Orangenschale darüber streuen.

Backofen auf 200° C vorheizen, die Auflaufform mit Folie schließen. Das Kasseler ca. 20 Minuten braten, die Folie entfernen, anschließend noch einmal 10 Minuten offen weiterbraten.

Hasenrücken Schlossherren Art

Hasenrücken auftauen lassen, abwaschen, trocken tupfen und mit einer Gewürzmischung aus Salz, Pfeffer, zerdrückten Wacholderbeeren und Pfefferkörnern einreiben. Möhre, Petersilienwurzel, Sellerie und Ingwer putzen, waschen und klein schneiden. Zwiebeln schälen und würfeln.

Backofen auf 220° C vorheizen. Öl in einem Bräter erhitzen, Hasenfleisch und Zwiebel darin anbraten, mit Muskat bestreuen und mit Rotwein ablöschen. Möhre, Petersilienwurzel, Sellerie und Ingwer in den Topf geben. Zugedeckt im Backofen ca. 20 Minuten garen, dann im abgeschalteten Ofen weitere 10 Minuten ruhen lassen.

In der Zwischenzeit Brokkoli putzen, in Röschen teilen und in kochendem Salzwasser bissfest garen. Warm stellen.

Bratensaft durch ein Sieb passieren und erhitzen. Mehl mit 2 EL Wasser verrühren, die Sauce damit binden. Trauben waschen, halbieren, entkernen und zusammen mit Preiselbeeren in die Sauce rühren. Hasenrücken mit der Sauce auf Tellern anrichten. Petersilie waschen, trocken tupfen, Blättchen abzupfen und das Fleisch damit garnieren. Brokkoli mit Mandelblättchen bestreuen.

Dazu schmecken Kartoffel-Mandel-Bällchen.

1 Packung (650 g)
Argentino Hasenrücken,
handgespickt (tiefgekühlt)
Salz
weißer Pfeffer aus der Mühle
5 Wacholderbeeren
½ TL schwarze Pfefferkörner
1 Möhre
1 Petersilienwurzel
100 g Knollensellerie
10 g frischer Ingwer
2 kleine Zwiebeln
2 EL Speiseöl
frisch gemahlene Muskatnuss
¼ l trockener Rotwein
450 g Brokkoli
1 gestrichener EL Mehl
200 g blaue Weintrauben
2 EL Preiselbeeren
1 Bund Petersilie
2 EL geröstete
Mandelblättchen

Fernöstlicher Hackbraten

2 Brötchen vom Vortrag
2 Eier
1 kg Hackfleisch
Salz
Pfeffer
2 rote Chilischoten
2 Zwiebeln
1 Bund Petersilie
350 g Chop Suey (a. d. Glas)
100 g grüne Erbsen
1 TL frisch geriebener Ingwer
1 EL grüne Pfefferkörner
Fett für das Blech

Für die Sauce:
425 g Mango (a. d. Dose)
250 g Schmand
Salz
Cayennepfeffer

Backofen auf 200° C vorheizen. Brötchen in Wasser einweichen, ausdrücken, in Stücke zupfen und mit den Eiern unter das Hackfleisch kneten. Mit Salz und Pfeffer würzen. Chilischoten halbieren, putzen, waschen und in dünne Ringe schneiden. Zwiebeln abziehen und würfeln, Petersilie waschen, trocken tupfen und fein hacken, Chop Suey gut abtropfen lassen. Alles mit Erbsen, Ingwer und Pfefferkörnern unter den Hackteig mischen. Auf ein halbes, gefettetes Backblech streichen und im Backofen ca. 45 Minuten backen.

Für die Sauce Mango abtropfen lassen, die Hälfte fein hacken, den Rest pürieren und mit Schmand verrühren. Nach Geschmack mit Cayennepfeffer und Salz würzen. Hackbraten in Stücke schneiden und mit der Sauce servieren. Dazu schmecken knusprig gebratene Kartoffelwürfel.

Tibetische Teigtaschen mit Ingwer

2 große Zwiebeln
2 Knoblauchzehen
Korianderblätter
Sellerieblätter
500 g Rind- oder Lammhack
1 TL frisch geriebener Ingwer
Salz
schwarzer Pfeffer aus der Mühle
500 g Mehl
1 TL Backpulver
Salz

Zwiebeln und Knoblauch schälen und sehr fein hacken. Koriander- und Sellerieblätter in feine Streifen schneiden. Fleisch mit den Zwiebeln, Knoblauch, Sellerie- und Korianderblättern und Ingwer gut verkneten. Salzen und pfeffern.

Aus Mehl und Backpulver mit kaltem Wasser einen festen Teig zubereiten und gut durchkneten. Kleine Kugeln daraus formen und diese zu Scheiben ausrollen, die einen Durchmesser von ca. 5 cm haben und in der Mitte etwas dicker sind. Jeweils 1 TL der Füllung in die Mitte geben, den Teig zusammenfalten. An den Rändern fest andrücken.

In einem großen Topf Wasser zum Kochen bringen, die Teigtaschen darin 15 Minuten garen. Wer mag, kann die Teigtaschen auch in Öl braten.

Teigtaschen mit einer scharfen Sauce reichen.

Rinderfilet mit Ingwer

500 g Rinderfilet
1 Knoblauchzehe
1 TL frisch geriebener Ingwer
2 TL Koriander (gemahlen)
½ TL Kurkuma (gemahlen)
2 TL brauner Zucker
3 EL Erdnussöl
3 Frühlingszwiebeln
50 g Kokosraspel

Fleisch in dünne Scheiben schneiden. Knoblauch pellen und durch die Presse drücken, mit Ingwer, Koriander, Kurkuma, Zucker und 2 EL Öl vermischen, das Fleisch darin wenden, 90 Minuten ziehen lassen.

1 EL Öl in einer Pfanne erhitzen, das Fleisch darin braun anbraten. Frühlingszwiebeln putzen und in Streifen schneiden, mit den Kokosraspeln zum Fleisch geben. 1 Minute weiterbraten und servieren.

400 g Rinderfilet
3 EL Speiseöl
Salz
grober Pfeffer
2 EL Sherry
1 TL Ingwerpulver
½ TL Knoblauchpulver
125 g Naturreis (im Kochbeutel)
25 g schwarze Pilze
1 kleiner Chinakohl
100 g Bohnenkeimlinge
1 rote Paprikaschote
1 Bund Frühlingszwiebeln
2 Knoblauchzehen
400 g Maiskölbchen (a. d. Dose)
1 Messerspitze Sambal Oelek
1 TL chinesische Gewürzmischung
2 Gläser (à 400g) „Fix für Fleischpfanne Chinesisch Szechuan"

Rinderfilet Szechuan mit asiatischem Gemüsereis

Rinderfilet in hauchdünne Scheiben schneiden und in einer Marinade aus 2 EL Öl, Salz, Pfeffer, Sherry, Ingwer- und Knoblauchpulver ca. 20 Minuten einlegen.

Naturreis nach Packungsanweisung garen, warm stellen. Schwarze Pilze 15 Minuten in warmem Wasser einlegen, dann abtropfen lassen, fein hacken und unter den Reis mischen.

In der Zwischenzeit Außenblätter vom Chinakohl entfernen, Kohl vierteln und den Strunk entfernen. Chinakohl in grobe Stifte schneiden, gemeinsam mit den Bohnenkeimlingen in ein Sieb füllen und kurz waschen. Paprikaschote und Frühlingszwiebeln putzen, waschen, Paprika in Streifen, Frühlingszwiebeln in Ringe schneiden. Knoblauchzehen abziehen und durch die Presse drücken. Maiskölbchen abtropfen lassen.

Restliches Öl im Wok oder in der Pfanne erhitzen, Gemüse nach und nach darin bissfest garen und mit Salz, Pfeffer, Sambal Oelek und chinesischer Gewürzmischung abschmecken. Den gegarten Reis dazugeben und nochmals kurz erhitzen. Rinderfilet in einer erhitzten Pfanne ohne Fett kurz anbraten und warm stellen. „Fix für Fleischpfanne" unter Rühren erhitzen und mit dem Rinderfilet und Gemüsereis auf Tellern anrichten.

Gegrillte Schweinerippchen

1 Zwiebel
2 Knoblauchzehen
1 kleines Stück frischer Ingwer
3 EL Sojasoße pikant
1 TL Sambal Oelek
2 cl Sherry fino
1 TL Sesamöl
1 EL Zucker
1 EL Salz
1 Msp. Koriander (gemahlen)
1 Msp. Kümmel (gemahlen)
800 g Schweinerippchen
Fett zum Braten
2 Frühlingszwiebeln

Zwiebel und Knoblauchzehen abziehen, Ingwer schälen und alles sehr fein würfeln, mit Sojasoße, Sambal Oelek, Sherry, Sesamöl, Zucker, Salz, Koriander und Kümmel verrühren und das Fleisch darin 30 Minuten marinieren.

Rippchen gut abgetropft in heißem Fett ca. 10 Minuten von beiden Seiten braten oder unter dem heißen Grill 15 Minuten kross grillen, dann wenden und weitere 10 Minuten grillen. Frühlingszwiebeln putzen, waschen und klein hacken, die Rippchen damit bestreuen und servieren.

Gefüllte Tacos

1 Zucchini
1 rote Paprikaschote
2 EL Öl
500 g Schweinemett
½ TL Ingwerpulver
1 Dose mexikanische Bohnensuppe konzentriert
1 Dose Gemüsemais
1 EL Soßenbinder
12 Taco Shells

Zucchini waschen, putzen und würfeln. Paprikaschote halbieren, Kerne und weiße Innenhaut entfernen, waschen und würfeln.

Öl in einer Pfanne erhitzen, Mett darin krümelig braten. Gemüse zufügen. Ingwerpulver einstreuen. Suppe mit derselben Menge Wasser verrühren, angießen. Mais abtropfen lassen und dazugeben. Alles 10 Minuten garen und mit Soßenbinder andicken.

Backofen auf 150° C vorheizen, Taco Shells darin in 3 - 5 Minuten aufbacken. Die Masse in die warmen Tacos füllen und servieren.

Fischgerichte

Gedämpfte Forellen

(für 6 Personen)

3 parfümierte Pilze
1 rote Paprikaschote
1 Stück frischer Ingwer (5 cm)
2 Frühlingszwiebeln
3 große frische Forellen

Für die Sauce:
1 EL Stärkemehl
4 EL Einweichwasser von den Pilzen
1 TL Salz
1 EL Sojasoße
1 EL Sesamöl
1 TL Glutamat
Saft einer Zitrone
2 EL Saké
1 Prise Pfeffer

Pilze in heißem Wasser 20 Minuten einweichen. Paprikaschote halbieren, Kerne und weiße Innenhaut entfernen, waschen und in schmale Streifen schneiden. Ingwer schälen und in feine Stifte schneiden. Frühlingszwiebeln putzen und in Ringe schneiden. Pilze abtropfen lassen, Stiele entfernen und Pilze in Streifen schneiden. 4 EL Einweichwasser für die Sauce beiseite stellen.

Backofen auf 180° C vorheizen. Forellen putzen, ausnehmen, abbrausen und mit Küchenkrepp abtupfen. In eine feuerfeste Form legen. Aus den angegebenen Zutaten eine Sauce zubereiten, diese über die Forellen gießen und die vorbereiteten Gemüse darauf verteilen. Ca. 20 Minuten im Backofen offen garen. Forellen vorsichtig halbieren und je 1/2 Forelle auf Tellern mit dem Gemüse anrichten.

Ingwer-Lachs mit Pilzen

800 g Lachsfilet
4 mittelgroße Zwiebeln
1 Knoblauchzehe
1 Stück frischer Ingwer (2 - 3 cm)
400 g frische Austernpilze
2 TL Olivenöl
2 TL Butter
Pfeffer
Salz
1 EL Zitronensaft
1 TL Sojasoße

Den Lachs in 4 gleiche Teile schneiden. Zwiebeln, Knoblauch und Ingwer schälen, Zwiebeln in Ringe schneiden, Knoblauch und Ingwer fein würfeln. Austernpilze putzen und zerteilen.

1 TL Olivenöl und 1 TL Butter in einer Pfanne erhitzen, Zwiebeln beigeben, die Pilze hinzufügen und 2 Minuten lang unter Rühren anbraten, aus der Pfanne nehmen, mit Pfeffer und Salz würzen.

Restliche Butter und Öl in die Pfanne geben. Die Lachsstücke von jeder Seite 4 Minuten braten, aus der Pfanne nehmen und warm stellen. Ingwer und Knoblauch in die Pfanne geben und kurz dünsten. Das Pilz-Zwiebel-Gemisch hinzufügen, den Zitronensaft und die Sojasoße unterrühren. Aufkochen, dann auf die Lachsstücke verteilen und servieren.

Steinbeißer mit Ingwer

80 g frische Ingwerwurzel
400 g Möhren
250 g Lauchzwiebeln
1 Stange Zitronengras
4 Steinbeißerfilets zu je 300 g
Salz
6 EL Olivenöl
300 ml Saké
2 EL Sojasoße
1 Prise Zucker

Ingwer und Möhren schälen, in dünne Scheiben und dann in feine Streifen schneiden. Lauchzwiebeln putzen und klein schneiden. Zitronengras waschen und in dünne Ringe schneiden. Die Fischfilets leicht salzen. Das Zitronengras in heißem Öl anbraten. Den Ingwer mit Lauchzwiebeln und Möhren hinzufügen, nach 2 Minuten mit Saké ablöschen. Die Sojasoße untermischen, leicht zuckern, die Fischfilets darauf legen. 8 Minuten zugedeckt dünsten.

Rotbarsch in Ingwer-Tomaten-Creme

750 g Rotbarschfilet
Salz
Pfeffer
3 EL Öl
1 Dose Tomatencremesuppe konzentriert
1/2 TL frisch geriebener Ingwer
1 EL Soßenbinder hell
3 EL fein geschnittenes Basilikum

Fischfilet waschen, in 4 gleich große Stücke teilen, salzen, pfeffern und im heißen Öl von jeder Seite ca. 4 Minuten braten. Suppe mit derselben Menge Wasser unter Rühren erhitzen, Ingwer einrühren, leicht einkochen lassen und mit Soßenbinder andicken. Basilikum unterheben. Fisch in der Tomatencreme kurz erwärmen. Dazu schmeckt Reis.

Gebratene Garnelen mit Ingwer und Koriander

16 Riesengarnelen ohne Schale
Salz
10 Zuckerschoten
3 EL Sonnenblumenöl
80 g Sojasprossen
4 TL frisch geriebener Ingwer
3 EL fein gehackter frischer Koriander
50 ml Weißwein
150 ml Remoulade

Riesengarnelen putzen, dabei die schwarzen Fäden herausnehmen, mit Salz würzen. Zuckerschoten längs in feine Streifen schneiden. Sonnenblumenöl in einer Pfanne erhitzen und die Garnelen kräftig darin anbraten, aus der Pfanne nehmen und etwas Öl abgießen. Die Zuckerschoten und die Sojabohnensprossen in dem restlichen Öl anbraten. Garnelen, 2 EL Ingwer, 2 EL Koriander und Weißwein hinzufügen, umrühren und eventuell mit Salz abschmecken.

Remoulade mit dem übrigen Koriander und Ingwer vermischen. Garnelen mit dem Gemüse und der Remoulade auf Tellern anrichten und servieren. Dazu passen Wildreis, Glasnudeln oder Baguette.

Tintenfisch-Curry

(für 6 Personen)

4 große Tintenfische
2 Chilischoten
1 Stück frischer Ingwer (3 cm)
1 Zwiebel
1 EL getrocknetes Zitronengras
2 EL Currypulver
1 TL Kurkuma (gemahlen)
½ TL Chilipulver
½ TL Nelkenpulver
1 EL Öl
¼ l Kokosmilch
Salz
Saft einer Zitrone

Tintenfische putzen, Arme entfernen. In 1 cm dicke Ringe schneiden. Chilischoten waschen, entkernen und in dünne Ringe schneiden.

Ingwer und Zwiebel schälen, und mit dem Zitronengras fein hacken. Curry, Kurkuma, Chili- und Nelkenpulver dazugeben, gut mischen. Öl in einer Pfanne erhitzen und die Gewürzmischung kurz darin anbraten, dann die Tintenfischringe dazugeben. 3 Minuten scharf anbraten. Chilischoten und Kokosmilch dazugeben und mit Salz abschmecken. 20 Minuten leise köcheln lassen. Nach Belieben etwas Wasser angießen.

Vor dem Servieren, die Sauce mit Zitronensaft abschmecken. Dazu passt Reis.

(für 6 Personen)

6 Scheiben Seeteufel (ca. 2 cm dick)
2 EL Saké
1 Prise Glutamat
1 Prise Pfeffer
300 g Tofu
1 Zwiebel
1 Möhre
1 grüne Paprikaschote
1 Stange Lauch
1 Stück frischer Ingwer (5 cm)
1/2 Dose Strohpilze
5 EL Öl

Für die Sauce:
1 EL Stärkemehl
1/4 l heiße Fleischbrühe
1 EL Sojasoße
1 EL Saké
1 Prise Glutamat
1 Prise Pfeffer

Seeteufel mit Tofu

Seeteufelscheiben halbieren, den Knochen heraus lösen und den Fisch würfeln. Aus Saké, Glutamat und Pfeffer eine Marinade rühren, Fischwürfel darin 15 Minuten ziehen lassen.

Tofu in 2 cm große Würfel schneiden. Zwiebel und Möhre schälen, Zwiebel in Ringe, Möhre in Scheibchen schneiden. Paprikaschote halbieren, Stielansatz, Kerne und weiße Innenhaut entfernen, waschen und in schmale Streifen schneiden. Lauch putzen, waschen und quer in 2 cm dicke Scheiben schneiden. Ingwer schälen und fein hacken. Strohpilze abtropfen lassen.

3 EL Öl in einem Wok oder einer großen Pfanne erhitzen, Ingwer darin 1 Minute anbraten, Fisch dazugeben und 3 Minuten scharf anbraten, heraus nehmen und warm stellen. Das restliche Öl in den Wok geben und die Tofuwürfel von allen Seiten braun anbraten, heraus nehmen und ebenfalls warm stellen.

Im verbliebenen Öl die Zwiebelringe glasig dünsten, dann die Gemüse dazugeben, umrühren und 3 Minuten garen. Fisch und Tofu dazugeben.

Aus den angegebenen Zutaten eine Sauce rühren, diese über den Fisch geben, erhitzen und alles zusammen noch 5 Minuten ziehen lassen.

Dazu passt Reis.

Soßen

Salatdressing mit Ingwer I

200 g Salatcreme
150 g Jogurt
3 TL frisch geriebener Ingwer
1 EL Mango-Chutney
40 ml Apfelessig
1 EL Sojasoße
½ TL Koriander (gemahlen)
172 TL Kurkuma (gemahlen)
½ TL Zucker
½ TL Salz
½ TL Pfeffer aus der Mühle

Salatcreme und Jogurt mischen und kräftig schlagen. Gewürze dazugeben und gut mischen. Zum Schluss mit Salz und Pfeffer abschmecken. Dieses Dressing passt besonders gut zu knackigen Rohkostsalaten.

Salatdressing mit Ingwer II

2 Knoblauchzehen
150 g Erdnussbutter
100 ml Gemüsebrühe
1 EL frisch geriebener Ingwer
6 EL Weinessig
5 EL Sojasoße
75 ml Kokossahne

Knoblauch pellen und durch die Presse drücken. Knoblauch mit den übrigen Zutaten mischen und gut durchrühren. Dieses Dressing schmeckt zu Blattsalaten.

Ingwer-Curry-Dressing

20 g frischer Ingwer
200 g Sahnejogurt
1 TL Currypulver
1 TL Korianderpulver
1 TL Honig
2 TL mittelscharfer Senf
1 EL Ingwermarmelade
1 Prise Zimt
1 Prise Salz

Den Ingwer schälen, reiben und mit allen Zutaten in den Jogurt rühren. Ingwer-Dressing schmeckt zu kaltem Fleisch (speziell Geflügel), zu Blattsalat, gekochten Eiern usw.

Ingwer-Dip

1 TL eingelegter Ingwer
1 TL gemahlener Ingwer
100 g Majonäse
Currypulver
Zucker
Salz

Den Ingwer klein hacken und mit der Majonäse verrühren, mit den übrigen Gewürzen abschmecken. Schmeckt zu Rohkost, kaltem Braten, Fondue und Gegrilltem.

Ingwersauce

4 in Sirup eingelegte Ingwerstücke
0,1 l Honig
3 EL Tomatenmark
4 EL Obstessig
4 EL Sherry
Salz
Pfeffer
ein paar Tropfen Chiliöl
Sojasoße

Ingwerstücke fein hacken und mit dem Honig vermischen. Tomatenmark, Essig und Sherry unterrühren. Abschmecken mit Salz, Pfeffer, Chiliöl und etwas Sojasoße.

Erdnusssauce mit Ingwer

1 Zwiebel
1 Knoblauchzehe
1 TL frisch geriebener Ingwer
250 g geröstete Erdnüsse ohne Salz
1 TL Krabbenpaste
1 TL Sambal Oelek
1 EL Sojasoße
1 EL Zitronensaft
5 EL Mango-Chutney
1/4 l Wasser

Zwiebel und Knoblauch schälen. Zwiebel vierteln. Erdnüsse und die Zwiebel mit den anderen Zutaten im Mixer pürieren. Das Ganze in einem Topf zum Kochen bringen. Bei niedriger Hitze weiter köcheln lassen, hin und wieder umrühren, bis die Sauce dickflüssig geworden ist. Abschmecken und z. B. zu Saté-Spießchen reichen.

Süßspeisen, Kuchen und Desserts

Englische Ingwerkuchenmänner

1/2 Tasse Wasser
1/2 Tasse Öl
1/2 Tasse Honig
200 g Vollkornmehl
2 TL gemahlener Ingwer
1/2 TL Nelken
1/2 TL Zimt
1/2 TL Piment

Wasser, Öl und Honig mischen. So viel Mehl unterrühren, bis ein dickflüssiger Teig entstanden ist. Gewürze zufügen. Noch einmal Mehl unterrühren, bis der Teig steif ist. Einige Zeit kühl stellen.

Auf einem mit Backpapier ausgelegten Blech ausrollen und mit einem Rädchen (ein nasses Messer tut's auch) Männchen ausschneiden. Zur Verzierung kann man je nach Fantasie Rosinen, Nüsse und dergleichen verwenden.
15 Minuten bei 170° C backen.

Traditioneller englischer Ingwerkuchen

150 ml Milch
100 g Butter
80 g Rohrzucker
1 TL Orangenmarmelade
200 g Honig
2 Eier
200 g Mehl
1 TL Backpulver
1/2 TL frisch geriebener Ingwer
1/4 TL Salz
1/4 TL Zimt
1/4 TL Piment
1/4 TL Nelken

Milch, Butter, Zucker, Marmelade und Honig in einem Topf gut mischen und bei geringer Hitze erwärmen. Eier verquirlen und unterrühren. Mehl, Backpulver und Gewürze mischen und zufügen. So lange umrühren, bis ein weicher Teig entstanden ist. In eine gefettete Kastenform geben und bei 170° C ca. 60 Minuten backen.

Ingwer-Biskuits

3 Eier
100 g Butter
250 g brauner Zucker
4 EL gemahlener Ingwer
1 EL abgeriebene Orangenschale
300 g Mehl
1 TL Backpulver
1 Prise Salz

Backofen auf 220° C vorheizen. Eier mit Butter und Zucker schaumig schlagen. Gewürze dazugeben. Mehl und Backpulver mischen und esslöffelweise unterrühren. Teig kräftig durchkneten, dann etwa 3 cm dick ausrollen und mit Förmchen ausstechen. Im Backofen ca. 15 Minuten backen.

Sirup-Ingwer-Cookies

250 g Butter
350 g brauner Zucker
1 großes Ei
300 ml leichter Sirup
600 g Mehl
2 TL Backpulver
½ TL gemahlene Nelken
1 TL gemahlener Ingwer
1 TL Zimtpulver
½ TL Salz

Butter zerlassen und in einer Schale abkühlen lassen. 300 g Zucker, Ei und Sirup dazugeben, gut verrühren. Mehl, Backpulver, Nelken, Ingwer, Zimt und Salz zufügen und miteinander verrühren. Abdecken und 15 Minuten in den Kühlschrank stellen.

Backofen auf 190° C vorheizen. Restlichen Zucker auf einen flachen Teller geben. Aus dem Teig runde Bällchen formen und im Zucker rollen. Bällchen auf ein gefettetes Backblech setzen und ca. 10 Minuten backen.

Ingwer-Makronen

½ Orange
1 Eiweiß
1 Prise Salz
100 g Zucker
20 g frisch geriebener Ingwer
125 g Kokosraspel

Orange auspressen. 2 EL Saft mit Eiweiß und Salz steif schlagen. Zucker (bis auf 1 EL) einstreuen, rühren, bis sich der Zucker aufgelöst hat. 1 EL Zucker, Ingwer und die Kokosraspel unter den Eischnee heben. 3 Minuten stehen lassen.

Backofen auf 175° C vorheizen. Kleine Makronenhäufchen auf ein mit Backpapier ausgelegtes Blech geben und im Backofen 15 Minuten backen.

Ingwer-Pfannkuchen

Für den Teig:
2 Eier
800 g Mehl
20 g Zucker
100 ml Schlagsahne
100 ml Milch
1 Prise Salz
20 g Butter
Butter zum Braten

Für die Füllung:
125 g Zucker
300 g Kürbis (gewürfelt)
1 TL frisch geriebener Ingwer
2 EL Honig
2 EL Kürbiskerne (gehackt)
etwas Zitronensaft
50 g Schokolade

Eier, Mehl und Zucker mit Sahne und Milch glatt rühren, Salz und Butter einrühren. Durch ein Sieb streichen und einige Zeit ruhen lassen. Butter in einer Pfanne erhitzen, nicht braun werden lassen. Beliebig große Pfannkuchen darin ausbacken.

Für die Füllung den Zucker schmelzen, Kürbis, Ingwer, Honig und etwas Wasser zugeben und ca. 10 Minuten lang kochen lassen. Kürbiskerne unterrühren. Mit Zitronensaft abschmecken. Die Pfannkuchen mit der Füllung bestreichen, aufrollen. Schokolade raspeln und auf die Pfannkuchen streuen.

250 g frischer Ingwer
1 Flasche Weißwein
3 EL Zitronensaft
500 g Gelierzucker

Ingwermarmelade

Ingwer waschen und schälen. Die Schalen im Wein mit 2 EL Zitronensaft 30 Minuten kochen und über Nacht zugedeckt stehen lassen.

Ingwer mit restlichem Zitronensaft beträufeln, im Kühlschrank ebenfalls über Nacht ziehen lassen.

Am nächsten Tag den Sud von den Schalen abgießen, Sud wieder in den Kochtopf geben. Ingwer pürieren, 15 Minuten im Sud kochen. Gelierzucker einrühren, 10 Sekunden kochen und aufwallen lassen, sofort in saubere, heiß ausgespülte Gläser füllen und verschließen.

Tipp: Sind die Gläser etwas abgekühlt, stellen Sie sie auf den Kopf und lassen sie ganz abkühlen. Dadurch verschließen sich die Deckel fester, die Inhaltstoffe der Marmelade verteilen sich besser.

Ingwer-Birnen-Marmelade

3 große Birnen
3 Stücke frischer Ingwer (je 5 cm)
3 EL Zucker
Saft einer Zitrone
1,5 l Wasser
3 TL eingelegter Ingwer
550 ml Pektin

Birnen schälen, halbieren, Kerngehäuse entfernen, in kleine Stücke schneiden. Ingwer schälen und in dünne Scheiben schneiden. Birnenstücke, Ingwerscheiben, Zucker, Zitronensaft und Wasser in einem Topf zum Kochen bringen und so lange kochen, bis die Birnenstücke ganz weich sind und fast zerfallen.

Eingelegten Ingwer und Pektin dazugeben und unter Rühren aufkochen lassen. Marmelade sofort in saubere, heiß ausgespülte Gläser füllen und sofort verschließen.

Tipp: Sind die Gläser etwas abgekühlt, stellen Sie sie auf den Kopf und lassen sie ganz abkühlen. Dadurch verschließen sich die Deckel fester, die Inhaltstoffe der Marmelade verteilen sich besser.

Eingelegter Ingwer-Kürbis

4 kg Kürbisfleisch
Weinessig
100 g frischer Ingwer
2 kg Zucker
15 Nelken

Das Kürbisfleisch würfeln, mit Essig übergießen und zwei Tage gekühlt ziehen lassen. Den Ingwer schälen und in Wasser einweichen, in kleine Stücke schneiden. Zucker mit etwas Wasser aufkochen. Ingwer, abgetropfte Kürbiswürfel und Nelken dazugeben und so lange kochen, bis der Kürbis glasig wird. Heiß in Gläser füllen und sofort verschließen.

Gegrilltes Obst mit Ingwer

1 große Orange
1 großer grüner Apfel
2 kleine Bananen
ein paar grüne Trauben
2 EL Zitronen- oder Orangensaft
1 Prise Ingwer
1 EL weicher brauner Zucker

Die Orange filetieren. Den Apfel schälen, vierteln, vom Kernhaus befreien und in schmale Längsstreifen schneiden. Die Bananen schälen und quer in 4 Stücke schneiden. Das Obst in ein flaches feuerfestes Gefäß geben. Mit dem Fruchtsaft beträufeln. Den Grill vorheizen. Ingwer und Zucker vermischen und über das Obst streuen. 4 - 5 Minuten unter den heißen Grill stellen, bis der Zucker karamellisiert.

Ingwer-Muffins mit Ananas

500 g Mehl
1 Pck. Backpulver
125 g Butter
3 Eier
250 g Zucker
1 Pck Vanillezucker
2 EL Rosinen
1/4 l Milch
1 kleine Dose Ananas
1 TL frisch geriebener Ingwer
Butter zum Fetten
200 g Mandelstifte

Mehl mit dem Backpulver sieben. Butter mit Eiern, Zucker und Vanillezucker schaumig rühren. Rosinen dazugeben. Mehl und Milch esslöffelweise unterrühren, bis der Teig schwer vom Löffel fällt.

Ein beschichtetes Muffinblech mit zwölf Vertiefungen oder zwölf andere kleine Backformen oder Porzellantassen mit Butter gut einfetten. Ananas abtropfen lassen und in kleine Stücke schneiden. Ingwer in den Teig einrühren und das Ganze löffelweise abwechselnd mit den Ananasstücken in die Förmchen geben und mit Mandelstiften bestreuen.

Backofen auf 200° C vorheizen. Muffins darin ca. 25 Minuten backen.

Frittiertes Obst auf japanische Art

1 Eiweiß
300 ml eiskaltes Wasser
200 g Mehl
1 Prise Salz
1 TL Zucker
½ TL gemahlener Ingwer
1 Banane
1 kleiner knackiger Apfel
1 kleine knackige Birne
Sonnenblumenöl zum Ausbacken

Eiweiß mit 300 ml eiskaltem Wasser schaumig schlagen. Das Mehl sieben und mit Salz, Zucker und Ingwer zum Eiweißschaum geben. Alles zu einem flüssigen Teig rühren. 60 Minuten kalt stellen.

Die Früchte vorbereiten: Die geschälten Bananen quer halbieren, dann längs vierteln. Den Apfel und die Birne waschen und die Kerngehäuse mit dem Apfelausstecher entfernen. Die Früchte in Scheiben schneiden. In eine schwere, tiefe Pfanne Öl geben (4 - 5 cm hoch) und stark erhitzen. Küchenpapier bereitlegen. Die Obststücke einzeln in den Teig tauchen und in mehreren Portionen im heißen Öl goldbraun ausbacken. Auf dem Küchenpapier abtropfen lassen, während die anderen Stücke backen. Die frittierten Obststücke mit etwas Puderzucker bestäuben.

Dazu passt Bananen-Jogurt-Eis oder Himbeersoße: Die Himbeeren pürieren und mit etwas Honig süßen. Auf diese Weise können auch andere knackige Obstsorten, wie zum Beispiel Sternfrüchte oder feste Pfirsiche, ausgebacken werden.

1 kg Rhabarber
100 g frischer Ingwer
75 g Zucker
1/8 l Weißwein
2 Eigelb
2 Blatt rote Gelatine
125 ml Sahne

Für die Sauce:
125 g Sahnejogurt
125 g Magermilchjogurt
2 EL Puderzucker
100 ml Milch

Rhabarber-Ingwer-Eis mit Jogurtsauce

Rhabarber waschen, putzen und, bis auf 2 Stangen, in kleine Stücke schneiden. Ingwer schälen und fein würfeln. Beides mit dem Zucker und dem Wein 15 Minuten bei milder Hitze kochen, in einem feinen Sieb abtropfen lassen, Saft auffangen.

Eigelb und Rhabarbersaft im heißen Wasserbad 5 Minuten cremig aufschlagen, dann im kalten Wasserbad schlagen, bis die Masse ausgekühlt ist.

Gelatine in kaltem Wasser einweichen. Sahne steif schlagen. Gelatine tropfnass bei milder Hitze auflösen und schnell unter die Eigelbmasse rühren. Sahne unterheben und die Masse in der Eismaschine gefrieren.

Für die Sauce beide Jogurtsorten mit Puderzucker und Milch glatt rühren. Eis mit der Jogurtsauce servieren.

Englischer Ingwerpudding

Butter zum Einfetten
150 g kandierter Ingwer
1/2 TL frisch geriebener Ingwer
450 g Mehl
1/2 TL Natron
1/3 TL Lebkuchengewürz
150 g Butter
1 Ei
250 ml Milch
300 g Sirup
1 EL Sirup zum Glasieren

Eine Puddingform mit zerlassener Butter einfetten. Ebenso ein großes Stück Alufolie. Auf die eingefettete Seite legt man ein Stück Backpapier und faltet Alufolie und Backpapier in der Mitte.

Den kandierten Ingwer hacken und auf den Boden der Puddingform streuen. In einer großen Schüssel frischen Ingwer, Mehl, Natron und Lebkuchengewürz vermischen. Butter in Flocken zugeben, alles so lange verkneten, bis die Mischung krümelig ist. Ei verquirlen und gemeinsam mit Milch und Sirup in die Teigmischung füllen. Gut vermischen.

Mischung in die Puddingform geben, erst mit dem Backpapier, dann mit der Alufolie abdecken. Mit Deckel verschließen. Die Schüssel auf eine umgedrehte Untertasse in einen tiefen Topf stellen. Der Topf wird jetzt an den Seitenwänden mit kochendem Wasser gefüllt, bis die Form halb im Wasser steht. Dann zum Kochen bringen. Bei geringer Hitze 2 1/2 Stunden lang garen. Bei Bedarf Wasser nachfüllen. Dann die Form aus dem Wasser holen und den Deckel abnehmen. Einige Minuten stehen lassen, dann auf eine Kuchenplatte stürzen. Mit restlichem Sirup überziehen.

Kandierte Ingwerstäbchen

600 g frische Ingwerwurzel
400 g Zucker
½ l Wasser

Ingwer schälen und in Streifen schneiden. Den Zucker in einem halben Liter Wasser verrühren und dann aufkochen, Ingwerstreifen zufügen, 30 Minuten lang bei kleiner Hitze ziehen lassen, nicht kochen. Anschließend den Topf vom Herd nehmen und das Ganze einen Tag und eine Nacht lang zugedeckt ziehen lassen.

Nach der Entnahme aus dem Topf werden die Ingwerstäbchen auf ein Gitter gelegt, bis sie ganz trocken sind.

Schoko-Ingwerstäbchen

600 g frische Ingwerwurzel
400 g Zucker
½ l Wasser
250 g Kuvertüre

Ingwer schälen und in Streifen schneiden. Ingwerstreifen wie oben kandieren.

Kuvertüre zerbröckeln, in ein Töpfchen geben und im heißen Wasserbad schmelzen. Die kandierten Ingwerstücke in die flüssige Kuvertüre tauchen, wieder herausnehmen und auf einem Gitter fest werden lassen.

Ginger Ale

2 l Wasser
5 g Weinstein
250 g Zucker
15 g frisch geriebener Ingwer
1 unbehandelte Zitrone
1/2 TL getrocknete Bierhefe

Wasser zum Kochen bringen. Weinstein und Zucker darin auflösen, Ingwer hinzufügen. Abkühlen lassen.

Zitrone schälen und auspressen. Schale, Saft und Hefe in die Flüssigkeit geben. Bei Zimmertemperatur gären lassen, regelmäßig den Hefeschaum abschöpfen. In Flaschen filtrieren, nicht fest verschließen. Nach einer Woche ist das Ginger Ale trinkbar.

Anhang

Literatur

Dethlefsen, T./Dahlke R.: *Krankheit als Weg,* Bertelsmann Verlag 1983.

ESCOP: *Monograph: Zingiberis Rhizoma (ginger)*, European Scientivic Cooperative on Phytotherapy 1996.

Fulder, S.: *Ginger, the ultimate home remedy*. Souvenir Press 1993.

Fulder, S.: *Kochen und heilen mit Ingwer*. Econ Taschenbuch Verlag, Düsseldorf 1995.

Hammelmann, I.: *Gesund genießen mit Ingwer*, Südwest Verlag 1998.

Hohenberger, Dr. E.: *Heilpflanzen die wirklich helfen*, Naturbuch Verlag 1994.

Kinadeter, H.: *Heilung*, Knaur 1992.

Kommission E: *Monographie Zingiberis rhizoma*. Bundesanzeiger Nr. 85 vom 5.5.1988.

Krämer, K.: *ABC des Johanniskrauts*, Verlag Peter Erd 1998.

Münzing Ruef, I.: *Kursbuch gesunde Ernährung,* Verlag Zabert-Sandmann 1999.

Poth, S./Sauer, R.: *Gesund durch Ingwer,* Falken Verlag 1998.

Quinche, R.: *Heilpflanzen,* Seehamer Verlag 1997.

Rätsch, C.: *Heilkräuter der Antike,* Diederichs Gelbe Reihe 1995.

Rätsch, C.: *Indianische Heilkräuter,* Diederichs Gelbe Reihe 1987.

Schulick, P.: *Ginger – Common Spice and wonder drug,* 3rd Ed., Herbal Free Press Ltd. 1996.

Schwarz, A./Schweppe, R.: *Heilen mit Gewürzen,* Delphi bei Droemer Knaur 1997.

Storl, W.D.: *Kräuterkunde*, Aurum Verlag 1996.

Tietze, H.G.: *Entschlüsselte Organsprache,* Knaur 1987.

Voelk, M.J.: *Ingwer wirkt Wunder,* Mosaik Verlag 1998.

Stichwortverzeichnis

6-Gingerol 34, 70
6-Gingersulfonsäure 70

Abführmittel 66
Abnehmen 69
Acetylsalicylsäure (ASS) 75
Acidophilusmilchpulver 63
Aconitum 76
Affirmationen 43
Afrika 35
Afrikanischer Ingwer 36
Ägypter 20
Akupunktur 18
Alexander der Große 20
Alkaloide 55,56
Allergisch Reaktionen 60
Allgemeinbefinden 81
Allopathie 50
Alter 69
Alzheimer 78
Anis 58
Anthroposophen 8, 47
Anthroposophie 52
Antidepressivum 80
Antirheumatische Wirkung 78
Antwerpen 25, 27
Aphrodite 76
Appetitlosigkeit 20, 23
Araber 26
Arabische Gewürzhandel 25
Ärger 69
Aromatherapie 53, 54
Arznei des Propheten 22
Arzneimittel bedingte
Übelkeit 70
Asche 34
Ascorbinsäure 49
Aspirin 49
Assurbanipal 12, 13
Assyrer 20
Ateriosklerose 74, 75

Ätherische Öle 34, 53, 55, 56
Auflagen 65
Aufstoßen 20
Augenkrankheiten 23
Australische Ingwer 35, 36
Autogenes Training 43
Ayurveda 12, 13, 14, 16, 19, 56
Ayurveda-Medizin 37

Bach Edward 52
Bach-Blütenessenzen 53
Bachblüten-Therapie 52
Bäder 65
Baldrian 7, 61
Bauchschmerzen 18, 22
Bebel Heinrich 27
Bedeckter Ingwer 36
Belladonna 76
Bengalische Ingwer 36
Bewußte Ernährung 75
Bildarchive 58
Bisabolen 35
Bitterstoffe 55, 56
Blähungen 20, 22, 67
Blut 18
Blütenessenzen 52
Blutfette 74
Blutgerinnung 75
Bockshornklee 30
Borneol 35
Buddhismus 19, 47

Camphen 35
Cascarillaöl 11
Chemische Medikamente 60
Chili 58
Chilipfeffer 30
Chinesische Medizin 19
Chinesischer Vetter 35
Cholersterin 75
Cholesterinspiegel 74
Chronische Gelenkrheumatismus (Arthritis) 77
Chronische Magenbeschwerden 68, 69
Cineol 35

Citral 35
Citronellol 35
Cochin-Sorte 36
Crateuas 20
Curcumen 35
Curcumin 37
Curry 31
Curry-Gewürzmischungen 36
Curryblatt 30
Currymischungen 37
Currypflanze 30
Currypulver 30, 31
Currywurst 30

Dalai Lama 19
Darmentzündung 63
Depression 79
Depressionen 80
Deutscher Ingwer 37
Diarylheptanoide 70
Diclofenac 77
Dioskurides 21
Dopamin 79
Dosiert 51
Dosis 49
Drehstuhl-Test 62, 71
Drei Temperamenten (Dosas) 15
Droge 26
Durchblutung 76
Durchfal 18, 22, 63, 67

Efeu 61
Einheit mit dem Göttlichen 47
Einreibung 65
Eiweiß 34
Elizabeth I. 28
Energetisches Geschehen 57
Entspannen 44
Entspannungstechnik 43
Epilepsie 16
Erbrechen 18, 20, 22, 63
Erbrechen nach Operationen 70
Erkältung 16, 27, 66

Erkältungskrankheiten 76
Ernährung 14, 40, 81
Ernte 33
Erotisch-stimulierende Wirkung 28
Erstverschlimmerung 51
Essenz der Pflanze 57
Europäischen Volksmedizin 19

Farbstoffe 55
Farnesen 35
Fenchel 15
Fett 34
Fieber 22, 76
Folge von Operationsnarkosen 72
Freie Radikale 78
Fugger 26

Galen 21
Galgant 36, 37
Gallenblase 70
Gallensaftsekretion 67
Gallensteine 61
Ganzheitliche Betrachtungsweise 8
Garam masala 31
Gattefosse René Maurice 54
Gegenmittel 49
Gelbwurz (Curcuma) 20, 36, 37
Geranial 35
Geraniol 35
Gerard 21
Gerbstoffe 55, 56
Gerinnsel 75
Geruch 53
Geruchssinn 58
Geschälter Ingwer 36
Geschmackssinn 58
Gesellschaft für Phyto-Aromatherapie 54
Gesundheit 39, 40, 41, 52
Gesundheitsbewusstes Verhalten 41
Gesundheitssystem 81
Gewebsveränderungen 77
Gewürz 32, 56
Gewürzhandel 26, 27
Gewürznelken 23, 30, 58
Gingerdione 60
Gingero 61
Gingerole 34, 60, 67, 74
Ginkgo 61
Ginseng 17
Gleichgewicht 14
Glycerin 29
Glykoside 55, 56
Grapefruitkernextrakt 7
Gunas 14
Gurgeln 66

Hahnemann Samuel 50
Haltungsfehler 79
Harmonie 8,14, 81
Harmonisierend 16
Harmonisierung 81
Heilkräutern 55
Heilkunde Tibets 8
Heilmeditation 44, 43
Hertzka Gottfried 23
Herz 16
Herz-Kreislauferkrankungen 74
Herzmuskel 75
Hieronymus Bock 27
Hildegard von Bingen 23, 24, 28
Hildegard-Medizin 23, 24
Hippokrates 50
Holunderblüten 76
Homöopathie 19, 51, 53, 57
Hormone 55, 56
Huang Ti 17
Husten 16, 18, 22, 76
Hyperforin 50
Hyperizin 50

Ibn Jacub 23
Ibuprofen 77
Immunsystem 39. 40, 69, 76
Impotenz 16
Indianer 25, 26
Indien 12, 16, 19
Indien und Ingwer 35
Indische Ayurveda 8
Individuelle Konstellationen 47
Infarkt 75
Information 51, 52
Ingwer 20, 25
Ingwer aus Calicut 35
Ingwer aus Jamaika 63
Ingwer-Abführmittel 66
Ingwer-Medizin 11
Ingwerabsud 65
Ingwerarten 36
Ingwerbrot 28
Ingwerbrotmänner 28
Ingweressig 66
Ingwerhand 32, 33
Ingweröl 65, 81
Ingwerpaste 16, 66
Ingwerpflanze 32
Ingwerpräparate 62
Ingwerpunsch 65
Ingwersaft 16
Ingwersirup 65, 81
Ingwertee 81
Ingwertee I 63
Ingwertee II 63
Ingwertee III 64
Ingwertee IV 64
Ingwertee V 64
Ingwertee VI 64
Ingwertee VII (Yogi-Tee)65
Ingwertinktur 66
Ingwerweinbrand 66
Ingwerwurzelstock 33
Innere Gleichgewicht 81
Inneren Ausgeglichenheit 44
Inneren Bilder 42, 43
Isolation der Wirkstoffe 49

Jake 29
Jake Legs 29
Jamaica 25
Jamaica Ginger Paralysis 29
Jamaika 36

Jamaika-Ingwer 35, 36
Japanische Ingwer 36
Java 16
Johanniskraut 7, 26, 33, 50, 61, 80, 81

Kalmus 17, 20, 37
Kapha 15
Kardamom 20, 36, 37
Kardekianer 47
Kava-Kava-Pflanze 80, 81
Kinder 68
Kinder unter 6 Jahren 61
Kinetose 71
Knoblauch 75
Kohlenhydrate 34
Kolumbus 25
Kombinationsmitteln 63
Kompressen 66
Konfuzius 17
Konstitutionsmittel 51
Kopfschmerzen 16
Koriander 15, 30, 58
Koriandersamen 31
Kosmetikindustrie 11
Krämpfe 67, 70
Krankheit 39, 40, 41, 52
Krankheits-Ursachen 45, 46
Krebs 78
Kreislauf 69
Kreuzkümmel 30
Kümmel 15
Kurkuma 12, 30, 37

LDL (Low Density Lipoprotein) 74, 75
Lebensaufgaben 47
Leber 70
Leberentgiftung 26
Leberkrankheit 73
Lebertherapie 73
Liebe 76
Limonen 35
Linalool 35
Lindenblüten 76
Lissabon 25, 27
London 27
Lonicerus 27

Magellan 25
Magen 70
Magengeschwür 68
Magenkoliken 23
Magensaft 67
Magenschleimhaut 77, 78
Magenschleimhautentzündung 68
Mao Tse Tung 18
Marco Polo 17, 25
Marcus Gavius Apicius 21
Mariendistelfrucht-präparate 74
Meditation 43
Medizinische Wirksamkeit 59
Medizinischer Hefe 63
Medizinisches Therapeutikum 59
Melisse 7
Menstruationsblutungen 18
Migräne 16
Mineralie 34
Mithridates 20
Mithridatum 20
Mohammed 22
Mohnsamen 30
Monoterpene 34, 35
Moxa 24
Muskat 30
Muskatblüte 30
Muskulatur 69
Myrcen 35

Nasenbluten 18
Naturheilkunde 8, 76, 80
Nebenwirkung 7, 50, 60, 61, 77
Neral 35
Nero 21
Nervosität 79
Neurotransmitter 79
Noradrenalin 79

Offizinelle Ingwer 36, 37
Ohnmachtsanfällen 16
Oleoresin 34
Organsprache 45, 46

Paracelsus 50
Peperoni 31
Pest 25
Pfeffer 22, 23
Pflanzliche Arzneimittel 60
Pflanzliche Heilmittel 59
Pflanzliche Psychopharmaka 80, 81
Pharmakologische Eigenschaften 60
Pharmakologischen Wirkungen des Ingwers 59
Phellandren 35
Phytopharmaka 61
Phytotherapie 19, 49, 51
Piment 30
Pinen 35
Pitta 15
Plinius der Ältere 22
Positiv-Monografie 59, 60
Positives Denken 42
Potenzierung 51, 57
Prinzip der Ähnlichkeit 50
Prohibition 29
Psyche 41
Psychische Disposition 79
Psychotechniken 43
Pythagoras 21

Qi 19

Radikalenfänger 78
Raja 14
Reise- und Seekrankheit 71
Reisekrankheit 70
Reiseübelkeit 62
Rheuma 77
Rheumatische Erkrankungen 16
Rheumatischen Beschwerden 13
Rishis 13, 16
Rizinus 29

Rohfasern 34
Rosenkreuzer 8, 47
Rückenprobleme 79
Rückenschmerzen 79
Rüdiger Dahlke 47

Safran 37
Salicylsäure 49
Sanskrit 13
Sattwa 14
Sattwa 14
Schärfe des Ingwers 34
Scharfe Stoffe 34
Scharfstoffe 34, 57, 60, 61, 67, 70, 72, 74
Schlafstörungen 80
Schlechten Laune 79
Schmerzen 16
Schulmedizin 8, 19, 49
Schüttelfrost 77
Schwangere 61
Schwangerschaft 72
Schwangerschaftsübelkeit 73
Schwarzer Pfeffer 30, 31
Schwarzer Ingwer 36
Schwarzkümmel 7
Schwedenkräuter 38
Schwindelgefühl 63, 69
Seekrankheit 71
Seele 45, 52
Seelenzustände 52
Selbstheilung 76
Selbstheilungskräfte 51
Selbstheilungskräfte des Körpers 51
Senfsamen 30
Serotonin 79
Sesquiphellandren 35
Sesquiterpene 34, 35
Seuchen 25
Shogaol 34, 35, 61, 67, 76
Sierra-Leone-Ingwer 35
Silymarin 74
Speichel 67
Speichelproduktion 57
Spirituellen Aspekt (Theorien) 47
Spirituellen Erfahrungen 52
Spirituellen Theorien 47
Stärke 34
Steiner Rudolf 52
Steinzeit 57
Stillende 61
Stoffwechsel 69
Stress 79
Suggestive Psychotechniken 42
Süskind Patrick 54

Tama 14
Teebaumöl 7
Theophrastus 20, 21
Theosophen 47
Theriak 21
Thorwald Dethlefsen 47
Tiefs als „reaktiv" 80
Tisserand Robert 54
Traditionelle Chinesische Medizin 8, 23, 24, 77
Triorthocresylphosphat 29

Übelkeit 63, 69, 72
Übelkeit als Folge von Medikamenteneinnahme 72
Übelkeit bei Schwangeren 70
Übelkeit in der Schwangerschaft 72
Überdosis 50
Umschläge 65, 66
Unterleibsschmerzen18
Unwohlsein 20

Valnet Jean 54
Vanille 58
Vasco da Gama 25
Vata 15
Verdauung 15, 22, 58, 69
Verdauungsbeschwerden 26, 63
Verdauungsproblemen 13
Verdauungsschwäche 27
Verdauungsschwierigkeiten 20
Verdauungsstörungen 15 , 16, 67
Vergiftungen 20, 21, 25, 27
Verlust des Geschmackssinns 20
Verspannungen 70
Verstopfung 67
Vitamine 34, 55, 56
Vitamins C 49
Volksheilkunde 50
Völlegefühl 20

Wacholderbeeren 63
Wärme 18, 20, 44, 76
Wechselwirkungen mit anderen Mitteln 69
Weden 13
Weißer Ingwer 35, 36
Weltreligionen 47
White Eagle Lodge 47
Wirkstoffgruppen 56
Wirkstoffkombinationen 56
Wissenschaftliche Anerkennung 59

Yang 18
Yin 18
Yin-Yang-Harmonie 24
Yin-Yang-Symbol 18
Yoga 43

Zahnschmerzen 27
Zimt 58
Zingiberen 35
Zintona 63, 72
Zitwer 36, 37
Zuchterfolgen 33
Zuckersirup 29

Rezeptregister

Ananassalat mit Ingwer 99
Asiaröllchen 101
Auberginen-Auflauf 123
Avocado mit pikanter Krabbenfüllung 92

Bandnudeln in Champignoncreme 106
Bohnen-Bananen-Salat mit Ingwer 95
Brokkoli-Torte 107
Bunte Gemüsetorte 109

Champignonsalat mit Ingwer 96
Chili-Calzonella 124
Chinaröllchen mit Ingwer 104
Chinesische Cannelloni mit Glücksfüllung 122
Chinesische Hühnerpfanne 113
Chinesische Lotusblüten 94
Curry-Gemüse mit Ingwer 108
Curry-Hähnchen thailändisch 115
Currysuppe I 87
Currysuppe II 87

Eingelegter Ingwer-Kürbis 143
Eintopf mit Ingwer-Klößchen 83
Englische Ingwerkuchenmänner 139
Englischer Ingwerpudding 147
Erdnusssauce mit Ingwer 138

Feldsalat mit Ingwer 100
Fernöstlicher Hackbraten 128
Frittierte Bohnen mit Ing wer 102
Frittiertes Obst auf japanische Art 145

Gans Shanghai 111
Gebratene Garnelen mit Ingwer und Koriander 134
Gebratene Hähnchenkeule mit Bananen-Ingwer-Gemüse 114
Gebratenes Ingwerhuhn karibisch 117
Gedämpfte Forellen 132
Gefüllte Tacos 131
Gegrillte Schweinerippchen 130
Gegrilltes Obst mit Ingwer 144
Gemüsewürfel auf Krabbenbrot 102
Geschmortes Ingwer-Kaninchen 125
Ginger Ale 149
Grüner Salat mit Ingwer 98

Hähnchenbrust mit Ingwer 113
Hasenrücken Schlossherren Art 127
Huan-Ente 110
Hühnercremesuppe mit Ingwer 90
Hühnerfrikassee Suzi-Wan 112
Hühnersuppe mit Ingwer I 84
Hühnersuppe mit Ingwer II 85

Indisches Kartoffel-Blumenkohl-Curry 103
Indonesische Pfannkuchen mit Ingwer 106
Ingwer-Birnen-Marmelade 143
Ingwer-Biskuits 140
Ingwer-Chutney 108
Ingwer-Curry-Dressing 137
Ingwer-Dip 138
Ingwer-Garnelen-Suppe 89
Ingwer-Kohl-Eintopf 86
Ingwer-Lachs mit Pilzen 133
Ingwer-Mais-Suppe mit Huhn 88
Ingwer-Makronen 141
Ingwer-Möhren-Suppe 90
Ingwer-Muffins mit Ananas 144
Ingwer-Nudel-Suppe 85
Ingwer-Pfannkuchen 141
Ingwer-Reis-Salat 97
Ingwer-Schweinebraten 125
Ingwer-Zwiebel-Spinat 104
Ingwermarmelade 142
Ingwersauce 138

Jamaikanisches Hühnerfrikassee 116

Kandierte Ingwerstäbchen 148
Karibisches Ingwer-Sherry-Huhn 117
Kasseler mit Apfel-Tomaten-Chutney 126
Kokossuppe mit Ingwer 91
Kürbiscremesuppe 91

Linsensuppe mit Ingwer 82

Mais-Avocado-Salat 95
Marinierte Sardinen 93
Möhrensalat mit Ingwer 97
Muschelsalat mit Ingwer 98

Perlhuhn mit Ingwer und Kümmel 119

Poularde mit Apfelfüllung 114
Putenbrust jamaikanisch 118

Reissalat Lukull 99
Rhabarber-Ingwer-Eis mit Jogurtsauce 146
Rinderfilet mit Ingwer 129
Rinderfilet Szechuan mit asiatischem Gemüsereis 130
Rinderfilets vom heißen Stein 120
Rotbarsch in Ingwer-Tomaten-Creme 134
Rote Zwiebelsuppe 92
Rote-Bete-Salat mit Ingwer 96

Salatdressing mit Ingwer I 137
Salatdressing mit Ingwer II 137
Scharf-saure Suppe mit Ingwer 88
Schoko-Ingwerstäbchen 148
Seeteufel mit Tofu 136
Sirup-Ingwer-Cookies 140
Spieße in Sesamkruste 121
Spinat-Cannelloni 105
Steinbeißer mit Ingwer 133

Tibetische Teigtaschen mit Ingwer 129
Tintenfisch-Curry 135
Traditioneller englischer Ingwerkuchen 139

Zucchini-Kartoffel-Gemüse mit Ingwer 107

Ein persönliches Dankeschön

an alle, die an der Entstehung dieses Buches mitgewirkt haben: Jörg Krämer, Marco Christobo, Andrea und Erhard Finken für technische Hilfe, wenn ich wieder mal mit dem Computer im Clinch lag, meiner Familie für Verständnis und Zuspruch, Gerald Drews, Inga Dammer und Miriam Schmidt für optimale Kooperation. Für die Überlassung von Bildmaterial und Küchenrezepten danken wir den Firmen: Adam (Aktionsgemeinschaft Der Apfel in Markt und Medien), Bresso, Der Kenner deutscher Käsevielfalt, Deutsche Obstwerbung, Fuchs Gewürze, Informationsgemeinschaft Bananen, Ketchum, Lysell, Milkana, Sanella, Suzi Wan, Uncle Ben's, Union Deutsche Lebensmittelwerke, The Food Professionals, Thomy.

Bildnachweis:

Abbildungen auf Vor- und Nachsatz
und zu den Rezepten auf Seite 101, 104, 110, 111, 127, 130, 131:
The Food Professionals Köhnen GmbH, Sprockhövel
Abbildungen zu den Rezepten auf Seite 114, 126, 144, 145:
Ketchum Public Relations, München